KOMBUCHA

Los secretos de esta bebida fermentada probiótica

Diseño de portada: Editorial Sirio, S.A.
Maquetación y diseño de interior: Toñi F. Castellón

© de la edición original
Celestial Connection, Inc.

© de la presente edición
EDITORIAL SIRIO, S.A.
C/ Rosa de los Vientos, 64
Pol. Ind. El Viso
29006-Málaga
España

www.editorialsirio.com
sirio@editorialsirio.com

I.S.B.N.: 978-84-17399-66-5
Depósito Legal: MA-1591-2018

Impreso en Imagraf Impresores, S. A.
c/ Nabucco, 14 D - Pol. Alameda
29006 - Málaga

Impreso en España

Puedes seguirnos en Facebook, Twitter, YouTube e Instagram.

JUL 1 0 2019

NEIL STEVENS

KOMBUCHA
Los secretos de esta bebida fermentada probiótica

Edición revisada y actualizada por
Carla Nieto

EDITORIAL
SIRIO

ÍNDICE

ÍNDICE

INTRODUCCIÓN
(edición original)

Confieso que oí la palabra *kombucha* por primera vez hace menos de tres años, cuando en medio de una terrible tormenta me esforzaba por no perder de vista la línea que señala el arcén de la carretera I-10, en el sur de Alabama.

A la semana siguiente me encontré dos veces más con esta extraña palabra: en un programa de radio y en un artículo publicado por un periódico de gran tirada. Las maravillas atribuidas al té de kombucha, tanto en el programa radiofónico como en el artículo periodístico, eran extraordinarias y, por ello, difíciles de creer, pero lograron estimular mi curiosidad y mi interés. Devoré toda la información que pude encontrar y a los pocos días inicié mi primer cultivo. Dos semanas después me bebí mi primer té y desde entonces no he dejado de tomarlo un solo día.

Se trata de una bebida tradicional, fermentada, refrescante y saludable, cuyo sabor recuerda ligeramente a la sidra de manzana un poco avinagrada. El té de kombucha ha sido conocido y apreciado desde tiempos inmemoriales en varios países de Europa y Asia. Los beneficios que se le atribuyen son muy variados. Además de potenciar el sistema inmunitario y de tener un poderoso efecto desintoxicante, numerosos testimonios le acreditan cualidades tan diversas como:

- Ser ligeramente laxante y evitar el estreñimiento.
- Aliviar la artritis.
- Limpiar el colon y la vesícula.
- Mejorar la digestión.
- Eliminar las canas (el cabello blanco recobra en muchos casos su color natural).
- Aliviar el asma.
- Regular el apetito y eliminar la grasa corporal excesiva.
- Reducir el estrés.
- Mejorar la visión, especialmente en los casos de cataratas.
- Combatir los dolores de cabeza y las migrañas.
- Aminorar las molestias de la menopausia.
- Eliminar el acné, la psoriasis y otros problemas cutáneos.

- Reforzar el cabello y las uñas.
- Potenciar el sentido del olfato.
- Eliminar las infecciones por cándida.
- Bajar el nivel de colesterol.
- Reducir la presión sanguínea.
- Dar elasticidad a los vasos sanguíneos.
- Mejorar el funcionamiento del hígado.
- Promover la longevidad.
- Eliminar las manchas oscuras que con la edad aparecen en la piel.
- Vitalizar el cuerpo en general, aumentando la energía sexual.
- Ayudar en la prevención y el tratamiento del cáncer.

Ante esta imponente relación de virtudes, no es de extrañar la enorme popularidad que el té de kombucha está alcanzando últimamente en Estados Unidos y en Canadá.

Durante estos tres años he hablado y he mantenido correspondencia con cientos de personas que fermentan y toman su propio té de kombucha, y también con varios científicos que están realizando análisis y experimentos diversos con esta asombrosa bebida. Desde aquí, mi agradecimiento a todos ellos, por su inapreciable ayuda y su constante enseñanza.

NEIL STEVENS
Cincinnati (Ohio), septiembre de 1996

INTRODUCCIÓN

(edición revisada y actualizada)

Cuando me propusieron hacer una edición revisada y actualizada de *La Kombucha: el té extraordinario*, de Neil Stevens, solo conocía esta bebida de oídas. Por las «pistas» de las que disponía —probiótico, fermentado, fuente de antioxidantes...— sabía que se trataba de un nutriente con propiedades saludables, pero me bastó empezar a documentarme para descubrir enseguida que, más allá del té, adentrarse en el mundo de la kombucha supone una experiencia apasionante.

Para llevar a cabo este proyecto recorrí, salvando las distancias, el mismo camino que Stevens —él oyó hablar por primera vez de este fermento en una autopista de Alabama; yo, en una cafetería de Madrid—, y comencé a seguirle la pista a este término tan exótico.

Y como él, cuantos más datos tenía de la kombucha, más me intrigaban las peculiaridades de ese «hongo» —que, como veremos, no es tal—. Y también como él, me animé a cultivar mi propia kombucha, una experiencia que me ha resultado muy útil para conocer mejor los entresijos de esta bebida y que, entre otras cosas, me ha hecho maravillarme ante lo que son capaces de conseguir determinadas bacterias y levaduras cuando se ponen a trabajar codo con codo...

Respecto al momento en que se escribió la edición original, yo jugaba con tres ventajas: la inestimable ayuda de Internet, que me permitió comprobar que la «kombuchamanía» es una tendencia global; la facilidad con la que actualmente se puede fabricar la bebida en casa (basta dar un *clic* para disponer de un *scoby* o cultivo inicial) y, sobre todo, el hecho de disponer de los resultados de dos décadas de estudios y datos científicos sobre las propiedades de este «té extraordinario». Eso fue lo más apasionante: comprobar qué había sucedido, más de veintidós años después, con todas las evidencias recogidas en aquella obra.

La respuesta se encuentra a lo largo de estas páginas, pero a modo de anticipo diré que saber que, actualmente y a falta de una investigación a gran escala de características similares a las que se han llevado a cabo con otros fermentados como el yogur, los datos arrojados por los estudios más relevantes al respecto confirman la eficacia de la kombucha en cuatro aspectos: su capacidad energizante, sus beneficios sobre el sistema inmunitario, su efecto *detox* y la protección antioxidante que ofrece frente a la acción de los radicales libres. Estos beneficios se desprenden tanto de las propiedades intrínsecas de los ingredientes que la componen como de los «fenómenos», muchos de ellos cuando menos sorprendentes, que se producen durante la fermentación. Eso no significa que la kombucha sea un elixir o pócima milagrosa, ni mucho menos que haya que tomarla, en sustitución de las terapias y los tratamientos médicos y farmacológicos, para curar determinadas enfermedades, sino que su acción debe contemplarse desde una perspectiva distinta: la de ofrecer al organismo la posibilidad de recuperar el equilibrio perdido y, por lo tanto, de devolver o potenciar nuestro bienestar.

Pero además, como podrán comprobar los lectores, el «mundo kombucha» va más allá del amplio rango de acciones beneficiosas que se derivan de su consumo: tanto sus orígenes como todo lo que rodea al cultivo y, sobre todo, las posibilidades que ofrece para, una vez obtenida la bebida, innovar y experimentar nuevas versiones incorporando saborizantes naturales en el proceso (incluso se puede usar como ingrediente culinario), hacen que sea muy difícil no sentir la tentación de ponerse manos a la obra y practicar lo que se podría denominar el *«kombuching»*, una experiencia que, sin duda, merece la pena probar.

CARLA NIETO MARTÍNEZ
Madrid, 6 de noviembre del 2018

Capítulo 1

UNA BEBIDA FUNCIONAL (Y TRADICIONAL) EN UN NUEVO CONTEXTO NUTRICIONAL

Básicamente, la kombucha es un té fermentado, refrescante y ligeramente carbonatado que admite muchas combinaciones y sabores, además de aportar importantes beneficios para la salud. Con estas credenciales no es de extrañar que poco a poco se haya ido posicionando como una opción con muchos seguidores dentro de la actual tendencia hacia la *healthy food* o alimentación sana y natural (en contraposición a la omnipresencia de comidas y bebidas procesadas) que parece haber llegado para quedarse.

Debido a sus muchas propiedades, a la kombucha se la considera una bebida funcional, lo que significa que aporta vitaminas, antioxidantes y enzimas digestivas que tienen efectos beneficiosos y contribuyen a incrementar, o recuperar, el bienestar físico. Por la misma razón, muchos expertos no dudan en incluirla en la categoría de lo que se conoce como «superalimentos».

Las evidencias sobre los efectos positivos que la kombucha tiene para el organismo hacen que en algunos ámbitos se la considere como «el nuevo yogur». Y es que ambos alimentos tienen muchas cosas en común: son fermentados, contienen probióticos y la kombucha, al igual que ocurrió con el yogur allá por la década de los cincuenta, está «dando el salto», pasando de ser una opción casera y artesanal a estar cada vez más presente de forma «manufacturada» en supermercados y tiendas especializadas e incluso formando parte de los menús de algunos reputados chefs.

LA FERMENTACIÓN COMO «LABORATORIO» DE BENEFICIOS

Los beneficios asociados a la kombucha son el resultado de un importante trabajo en equipo. Aunque aparentemente el protagonismo inicial lo acapara el cultivo a partir del cual se obtiene la bebida —hongo madre o *scoby*—, su valor nutricional y saludable es resultado de una peculiar «producción en cadena» que se desarrolla intensamente en el marco del proceso de fermentación, durante el cual la simbiosis que se pone en marcha entre la acción de las bacterias y levaduras da como resultado final la creación de una serie de ácidos

que, además de aportar cuerpo, sabor y otras propiedades a la kombucha, tienen importantes beneficios para
la salud. Es el caso del ácido glucárico, que ejerce un
poderoso efecto tonificante sobre el hígado o el ácido
butírico, que ha demostrado su eficacia a la hora de favorecer la nutrición de las células intestinales sanas y su
potencial capacidad para combatir los procesos infla-
matorios, además de otros ácidos, entre los que destaca
especialmente el glucurónico, que justifican el amplio
espectro de indicaciones de esta bebida.

A ello hay que añadir su elevadísimo contenido en
probióticos (miles de millones por ración), antioxidantes,
vitaminas y todas las virtudes, ampliamente demostradas,
que se derivan de los componentes del té, un ingrediente
imprescindible para la elaboración de la kombucha.

Desde un punto de vista más práctico, la kombucha es sencilla y fácil de preparar en casa (se necesitan
pocos ingredientes, un par de utensilios, recipientes de
vidrio y paciencia, mucha paciencia, para esperar a que
concluya el proceso de fermentación). Además, hacer
un cultivo de kombucha es una experiencia muy entre-
tenida y supone una excelente manera de introducirse
en el apasionante mundo de los alimentos fermentados. En esta línea, muchos expertos también se refie-
ren a ella como un alimento «de entrada», esto es, una
opción que puede promover un estilo de vida saludable
que le devuelva el equilibrio al organismo y predisponga
a adoptar unos hábitos más sanos.

UNA ATRACTIVA ALTERNATIVA A LOS REFRESCOS

Aunque esta bebida está actualmente de plena actualidad en todo el mundo, su «fama» o «renacimiento» —pues, como veremos, ya era muy conocida desde tiempos inmemoriales y experimentó un importante *boom* a principios del siglo XX— se produjo en Estados Unidos a finales de la década de los noventa. Esta popularidad, por entonces emergente, queda muy bien reflejada en un reportaje publicado en *The New York Times* en 1994, titulado «A magic mushroom or a toxic fad?» («¿Un hongo mágico o una moda tóxica?») y en el que se contaba cómo «en armarios y aparadores de todo el país, los hongos de kombucha flotan en tazones de té azucarado y aromatizan los hogares con el olor a vinagre y, también, con la esperanza de recuperar la vitalidad perdida».

Desde entonces, el número de consumidores y «cultivadores» de esta bebida (a los que podríamos llamar «kombucheros») se ha incrementado de forma considerable en Estados Unidos (actualmente, el principal productor) y en otros países como Australia, y se puede decir que la kombucha vive un intenso momento de gloria, dentro de las tendencias actuales en el ámbito de la alimentación. Este contexto —*healthy*, orgánico, sin pesticidas, con aditivos mínimos...— está a su vez propiciado, por un lado, por la búsqueda de alternativas a los refrescos y a otras bebidas consideradas poco saludables y, por otro, por el protagonismo cada vez mayor que ha adquirido en los últimos tiempos la salud intestinal (sobre todo el eje intestino-cerebro) en general y la microbiota en particular:

- Respecto a la primera circunstancia, hay que recordar que en el marco de esa cruzada saludable que están llevando a cabo todas las instituciones y organismos a nivel global, con la Organización Mundial de la Salud (OMS) a la cabeza, contra el consumo excesivo de azúcar, los refrescos (y, también, los zumos, las bebidas energéticas y otras opciones azucaradas) se encuentran en el centro de todas las miradas, debido a varios factores, entre ellos el aumento creciente de su consumo, sobre todo entre los sectores más jóvenes de la población, o el hecho de que las estadísticas realizadas al respecto han demostrado que en la mayoría de los países estas bebidas suponen la principal fuente de azúcares añadidos en la dieta; y, también, debido a que hay muchas evidencias que vinculan directamente su consumo con la actual epidemia de obesidad que está afectando a la población mundial. En este sentido, la kombucha —sabrosa, refrescante, efervescente, versátil, poco calórica y prácticamente con cero azúcares— se presenta como una alternativa de lo más atractiva y recomendable.

- En cuanto a la segunda circunstancia, hablaré de ella en profundidad en el capítulo cuatro, pero no hay que perder de vista que la kombucha es un producto fermentado con importantes propiedades probióticas y, como tal, ocupa un papel destacado en un momento en el que la afirmación «el intestino es el segundo cerebro» se ha convertido casi en un mantra desde que las investigaciones más recientes confirmaran la conexión extraordinariamente compleja que existe entre las emociones y ciertas patologías digestivas. Directamente relacionada con esto está la actual situación creada por el abuso o el uso inadecuado de antibióticos, principal razón por la que las infecciones producidas por bacterias resistentes no paran de crecer, tal y como alertan constantemente las autoridades sanitarias. De hecho, y según datos de organismos como la Asociación Española de Microbiología y Salud, si esta tendencia a la resistencia a estos medicamentos continúa, se estima que en el 2050 el número de fallecidos por bacterias resistentes a los antibióticos superaría a los del cáncer o los de los accidentes de tráfico. Ante este panorama, el papel probiótico de la kombucha sería doblemente beneficioso: por un lado, debido a su capacidad para reforzar el sistema inmunitario y, por otro, por el rol que puede tener en la restauración de la flora intestinal, que se ve seriamente alterada por la ingesta abusiva de antibióticos. De hecho, son cada vez más los especialistas que recomiendan acompañar los tratamientos con antibióticos con la ingesta de probióticos, para contrarrestar ese efecto negativo.

LOS SECRETOS DEL «NUEVO YOGUR»

Ya sea por estas razones, por el poder del *marketing* o por el boca a boca, lo cierto es que la kombucha está actualmente presente en los hogares de buena parte del planeta y su consumo va en aumento. Un dato representativo: en Estados Unidos, en el 2016, la demanda de esta bebida experimentó un crecimiento del 30 % (en el resto del mundo el incremento registrado fue de alrededor del 25 %). Los testimonios y experiencias de los consumidores habituales de kombucha coinciden en que además de su sabor y el bienestar que se experimenta al beberla, hay otros muchos factores que justifican que resulte tan atractiva. Por ejemplo, es compatible con cualquier tipo de dieta —vegana, vegetariana, *kosher*, paleo, mediterránea...— y estilo de alimentación; admite modulaciones de sabor a medida (se puede preparar más dulce o más ácida según las preferencias personales) y combina muy bien con otros alimentos. A ello hay que añadir que los ingredientes necesarios para elaborarla, incluido el hongo o *scoby*, son muy sencillos de conseguir, que es rápida de preparar y que las posibilidades de sacarle todo el partido van más allá de una mera «bebida a base de té», ya que admite la incorporación de frutas, especias y otros ingredientes, lo que la convierte en una opción con muchas versiones y variedades.

A grandes rasgos, y para comprender mejor de qué estamos hablando, este es el proceso a partir del cual se obtiene la kombucha y que analizaremos de forma mucho más extensa y detallada a lo largo de este libro. Este proceso consta de cuatro partes o fases claramente diferenciadas:

1. **Preparación**: consiste en mezclar los ingredientes de los que se compone: el cultivo vivo (disco, hongo o *scoby*) y el sustrato (agua, té y azúcar), utilizando una serie de recipientes y utensilios.

2. **Fermentación**: supone el proceso clave en la obtención de la kombucha, ya que es en él donde se originan todas sus propiedades beneficiosas. La duración estándar de la fermentación, que se tiene que llevar a cabo en unas condiciones determinadas, es de entre siete y catorce días.

3. **Recolección**: el líquido obtenido se separa del cultivo (este se guarda para servir de base a fermentaciones posteriores) y se puede optar por conservarlo en la nevera para su consumo o someterlo a una segunda fermentación.

4. **Saborización y segunda fermentación**: se trata de añadir distintos ingredientes a la kombucha

para dejarla fermentar (sin añadir el cultivo) durante un periodo de tiempo más corto. Este proceso aumenta la cantidad de burbujas de la bebida.

UNA GRAN DESCONOCIDA

A pesar de su creciente popularidad, la kombucha sigue siendo en gran medida una gran desconocida, tanto en lo que respecta a su composición como en lo que se refiere a sus beneficios saludables (muchas de las principales dudas e ideas erróneas en torno a ella quedan aclaradas en el capítulo siete).

Hay personas que se animan a probarla porque consideran que se trata de uno más de esos «nuevos alimentos» cada vez más presentes en las estanterías de los supermercados y tiendas de alimentación (como veremos, es posible consumir kombucha «comercial», embotellada y manufacturada). Otros, los más, se sienten atraídos por esta bebida debido a que han oído hablar de su capacidad para tratar o aliviar un buen número de patologías, y la mayoría, una vez que empieza a consumirla, se aficiona a ella y la introduce en sus hábitos diarios.

Sin embargo, hay que dejar muy claro desde el primer momento que la kombucha no cura de forma específica enfermedades concretas, sino que su acción es distinta: ofrece al organismo la oportunidad de

KOMBUCHA

recuperar el equilibrio perdido (una situación común a todas las patologías), favoreciendo que tanto el sistema inmunitario como otros sistemas fisiológicos funcionen correctamente, una razón lo suficientemente atractiva como para adentrarse más a fondo en el interesante mundo del té de kombucha.

PARA NO OLVIDAR

- Una de las bazas de la kombucha frente a los refrescos y otras bebidas similares es su bajo contenido en azúcar y el efecto refrescante que produce el gas natural que se genera al fermentar.
- Ha dejado de ser una bebida de minorías y se ha impuesto a otras opciones también elaboradas a base de té y a bebidas «veteranas» dentro de la tendencia de alimentación *healthy*, como el agua de coco o los zumos orgánicos.
- Cultivarla en casa es sencillo y además, una vez que se domina la técnica básica de preparación, ofrece un amplio repertorio de posibilidades para degustarla e incluso utilizarla como ingrediente culinario.

Capítulo 2

¿QUÉ ES LA KOMBUCHA?

¿Un hongo?, ¿un té?, ¿un superalimento? La kombucha es todo esto... y mucho más. A medida que ha ido aumentando el conocimiento sobre esta bebida y se dispone de más información acerca de ella y de sus propiedades, se han ido aclarando o desterrando muchos de los mitos e ideas erróneas surgidos en torno a su origen, la forma de consumirla, los efectos concretos que puede tener en determinadas patologías, etc.

Por ejemplo, una de las creencias más extendidas es que la kombucha es un hongo, algo que si bien no es del todo incorrecto, se puede decir que se trata de una verdad a medias: a la sustancia a partir de la cual se prepara, un cultivo «vivo», se la denomina popularmente «hongo madre», para diferenciarla del apéndice —u «hongo hijo»— que se desarrolla durante la fermentación. A esta creencia contribuye también el hecho de que su aspecto recuerda al de los hongos que crecen en el tronco de ciertos árboles, y de hecho, en cierta medida, el papel que juega en el proceso de fermentación es parecido al que estos hongos «de verdad» desempeñan a nivel biológico en los entornos naturales en los que se encuentran.

Pero similitudes micológicas aparte, hay otras razones que justifican esta creencia: por un lado, el historial que arrastra la kombucha y que, como veremos, ha hecho que tradicionalmente se la asociara en las culturas milenarias a un «hongo» que aseguraba una mayor longevidad. Por otro, el hecho de que en las primeras investigaciones que se realizaron sobre ella cuando llegó a Europa a principios del siglo XX se considerara que se trataba de un hongo similar al que participa en la fermentación de otros alimentos como el pan o la cerveza. También han influido en este sentido algunas de las obras publicadas sobre este nutriente, como el libro de Harald W. Tietze titulado *Kombucha. The miracle fungus* [Kombucha. El hongo milagroso].

Se considere hongo o no —una denominación que voy a utilizar, para simplificar—, la realidad es que la sustancia a partir de la que se elabora la kombucha es un cultivo o colonia simbiótica y gelatinosa, formada por bacterias y levaduras, conocida con el nombre biológico de zooglea. Y esta zooglea tiene también mucho que ver en ese halo de inmortalidad que ha rodeado a esta bebida desde sus orígenes, y que más allá de mitos y leyendas, no está exenta de una explicación desde el punto de vista científico-racional: el cultivo vivo del que se obtiene la kombucha se caracteriza por una alta capacidad para regenerarse y seguir activo y productivo casi de forma indefinida, siempre y cuando se lo siga alimentando con las cantidades adecuadas de azúcar y té. Por tanto, sería ese cultivo, u «hongo madre», al que le correspondería el atributo de «inmortal» y no, desafortunadamente, a los consumidores de la bebida...

ORÍGENES, CURIOSIDADES Y DISTINTAS DENOMINACIONES

Los orígenes de la kombucha son inciertos, aunque existen numerosas evidencias de que ha sido una bebida conocida y apreciada en muy diversos países, épocas y culturas desde tiempos inmemoriales. Muchos autores han recopilado las distintas teorías que existen sobre estos orígenes. Todos ellos coinciden en que los primeros registros históricos proceden de China, concretamente del periodo de la dinastía Tsim o Qin, en el siglo III antes de nuestra era. Se cuenta que el emperador Qin Shi Huangdi iba desarrollando un miedo atroz a la muerte a medida que se iba haciendo mayor, hasta el punto de obsesionarse por conseguir una sustancia que prolongase su vida. Para ayudarlo, un alquimista le proporcionó un elixir mágico al que denominó «la bebida de la inmortalidad». Se trataba del té de kombucha y, por lo visto, el emperador alcanzó la ancianidad disfrutando de un excelente estado de salud. Otra teoría muy extendida es que el principal artífice de esta bebida fue un médico coreano que vivió alrededor del 414 a. C., de nombre Kombu-ha-chimukamu-ki-mu, pero conocido popularmente como doctor Kombu, cuyos servicios fueron requeridos por el emperador japonés Inkoyo, que estaba aquejado de una misteriosa enfermedad y buscaba desesperadamente una cura. Kombu era un reputado galeno que suministraba a sus pacientes una poción mágica que había conocido en sus viajes por el Lejano Oriente y con la que consiguió salvar la vida del emperador, haciendo que tanto él como sus súbditos quedaran encantados y propagaran la fama del «doctor Kombu y su té mágico».

Japón es también el escenario de otra de las hipótesis sobre el origen de la kombucha, según la cual podría ser el líquido que contenían unos frascos que llevaban los guerreros samuráis adosados a su atuendo, a la altura de la cadera, y que bebían justo antes de entrar en batalla. Muchos atribuyen a los poderes de esta bebida la astucia, la fuerza y la energía que hicieron legendarios a estos guerreros.

También son muy populares las teorías sobre el posible origen monacal de la kombucha; concretamente lo atribuyen a los monjes tibetanos del Himalaya. Una de las más conocidas —tal vez por el halo de leyenda en la que está envuelta— es la que cuenta que uno de estos monjes estaba preparando una gran cantidad de té para sus compañeros, pero antes de que pudiera cubrirlo y guardarlo cayó en una profunda meditación nocturna. Durante la noche, los dioses que estaban en la cima de la montaña arrojaron polvo por las laderas, en dirección a las ventanas del monasterio. El polvo cayó en la jarra y transformó su contenido. Cuando el monje despertó de su meditación, comprobó que había una especie de disco gelatinoso flotando en el té y se lo dio a beber a sus compañeros, por lo que todos ellos disfrutaron de una vida larga y saludable.

También parece haber reminiscencias de esta bebida en la Biblia, concretamente en Ruth 2:14, donde se dice: «Boas invitó a comer a la moabita Ruth, que posteriormente se convertiría en su esposa. Era el momento de la siega. Dice Boas: ven, toma un trozo de pan y mójalo en la bebida avinagrada». ¿Sería la kombucha aquella «bebida avinagrada»? Imposible saberlo, pero al menos este pasaje bíblico nos aporta una evidencia más de la notable antigüedad de los alimentos fermentados.

A VUELTAS CON EL NOMBRE (O LOS NOMBRES)

Una prueba de la amplia difusión experimentada por la kombucha son los diferentes nombres que ha recibido y por los que ha sido conocida a lo largo del tiempo. Günter Frank, en su libro *Kombucha. Healthy Beverage and Natural Remedy from Far East* [Kombucha, bebida saludable y remedio natural que llegó del lejano Oriente], cita más de setenta denominaciones distintas. Los primeros «reportajes» sobre esta bebida proceden de artículos periodísticos de principios del siglo XX, publicados en la antigua Checoslovaquia: en los monasterios de Bohemia y Moravia se conocía a esta bebida como *olinka*, coincidiendo con una época en la que su fermentación y su consumo constituían un secreto herméticamente guardado.

Por otro lado, son muchos los expertos que defienden que el nombre con el que es conocida la kombucha casi universalmente en la actualidad le fue asignado por un error: kombu es una conocida alga (*Laminaria japonica*), muy utilizada en Japón, y cha significa «té». Según esta teoría, en algún momento se produjo una confusión entre el té de kombu y la actual kombucha, que se quedó finalmente con un nombre que, en realidad, no le correspondería. Hay numerosas anécdotas y teorías en este sentido, y reflejo de ello son los numerosos nombres con los que la kombucha (tanto el cultivo como la bebida) ha sido conocida en distintas épocas y lugares.

EL CULTIVO	LA BEBIDA
Ainii grib (ruso)	*Tea Cider* (inglés)
Cainava griva (georgiano)	*Manchurian Mushroom tea*
Cembuya orientalis (latín)	(inglés)
Chamboucho (rumano)	*Russian Tea-vinegar* (inglés)
Brinum-Ssene (lituano)	*Tea beer* (inglés)
Kombucha (japonés)	*Tea cider* (inglés)
Kouchakinoko (japonés)	*Tea kvass* (inglés)
Fungus japonicus (nombre	*Kargasoktee* (alemán)
farmacéutico)	*Cainii kvass* (ruso)
Funko cinese (italiano)	*Cainava kvassa* (georgiano)
Japan gomba (húngaro)	*Elixir de longue vie* (francés)
Kargasok-Teepilz (alemán)	
Teepilz (alemán)	
Olinka (monasterios de Bo-	
hemia y Moravia)	
Teyi saki (armenio)	
Theezwam Komboecha (ho-	
landés)	
Ma-Gu (japonés)	
Manchurian Mushroom (in-	
glés)	
Manchurian Fungus (inglés)	
Miracle Fungus (inglés)	
Volga Jelly-fish (inglés)	
Volga Fungus (inglés)	
Russian Jelly-fish (inglés)	

A pesar de tal abundancia de nombres, tanto en Europa como en América el cultivo y la bebida son conocidos en la actualidad con el nombre «unánime» de kombucha.

Asimismo, y aunque el sustrato con el que se prepara es diferente, pues en lugar de té azucarado se utiliza vino, la composición del cultivo de la kombucha es muy similar a lo que en muchos países europeos y latinoamericanos se conoce como «madre del vinagre», y también a lo que en Filipinas se llama «nata», que allí se cultivaba en un sustrato de agua de coco.

PRIMERAS (Y CURIOSAS) EVIDENCIAS SOBRE SUS PROPIEDADES

Las distintas denominaciones de la kombucha y las primeras inquietudes científicas destinadas a ahondar en sus potenciales propiedades ayudan a crear un interesante relato sobre la historia de esta bebida en el que en ocasiones se mezclan la medicina, la política e, incluso, el espionaje:

Los longevos de Kargasok. Uno de los muchos nombres que ha recibido la kombucha está directamente vinculado a los primeros análisis científicos sobre sus propiedades. Al parecer, el nombre *Karga-sok*, con el que se la denominó durante un tiempo, se originó en la primera década del siglo XX, cuando un médico japonés descubrió que en la región rusa de Kargasok existía un porcentaje de personas longevas muy superior al del resto del país. Tras investigar las posibles causas de este fenómeno, lo atribuyó al hecho de que todos los habitantes de la zona consumían diariamente lo que hoy conocemos como té de kombucha, y al que él «bautizó» como *Karga-sok* en alusión a esta región.

Desde Rusia con salud. A lo largo del siglo XIX la kombucha disfrutaba de gran popularidad en muchos lugares de Rusia, especialmente en San Petersburgo, Wilna, Odesa y el Cáucaso. Desde Rusia, el consumo de esta bebida se extendió por la Europa del Este primero y por Alemania después, donde alcanzó una enorme popularidad hacia 1930; en aquella época se llevaron a cabo numerosos estudios científicos sobre las cualidades de esta bebida, cuyos resultados fueron calificados como «sorprendentes».

Parón bélico. Durante la II Guerra Mundial, la escasez de los dos ingredientes básicos para elaborar esta bebida —azúcar y té— interrumpió drásticamente su producción. No ha sido hasta hace relativamente poco tiempo cuando su consumo ha resurgido.

El médico de Stalin. Günter Frank cuenta que en 1952, el médico personal de Stalin, Vinogradov, consciente del temor que este tenía al cáncer, ordenó realizar ciertas investigaciones sobre la kombucha, en un intento de averiguar sus posibles cualidades curativas o preventivas. Satisfecho de los resultados (al menos no le pareció que esta bebida tuviera efecto negativo alguno), Vinogradov le dio a beber el té a

Stalin. Lamentablemente, Ryumin e Ignatiev, dos altos funcionarios de la KGB, trataron de ganarse el favor de su jefe diciéndole que sospechaban que lo estaban envenenando a través de la kombucha. Como resultado, encarcelaron a Vinogradov y rápidamente se extendió el rumor de que el «té kvs» (denominación que le daban a la kombucha) era muy peligroso, con lo cual su consumo disminuyó drásticamente. Tras morir Stalin en 1953, los dos funcionarios de la KGB fueron encarcelados, mientras que el médico fue liberado y reivindicado. En 1954 se publicó en Moscú un libro en el que se relataban estos hechos y gracias al cual se dispersaron rápidamente los rumores negativos difundidos tres años antes sobre la bebida.

El «misterio» de los Urales. Todo apunta a que el doctor Vinogradov había seguido de cerca las investigaciones realizadas a partir de 1951 por la Unidad de Oncología de la Academia Rusa de Ciencias, especialmente centradas en los distritos de Solikamsk y Beresniki, al oeste de los montes Urales. Tras analizar la incidencia del cáncer en todas las ciudades y distritos de la antigua Unión Soviética, Solikamsk y Beresniki destacaron notablemente respecto al resto del país, pues en ambos la prevalencia de esta enfermedad era casi inexistente. Los autores de la investigación recopilaron escrupulosamente todos los datos ambientales y analizaron los hábitos de vida y las costumbres alimentarias de la población, sin olvidar el porcentaje de fumadores y el consumo de alcohol. Lo más sorprendente para los investigadores fue la constatación de que, debido al tremendo desarrollo industrial de la zona, las sustancias contaminantes y cancerígenas existentes en el medioambiente eran tan elevadas –sobre todo plomo, mercurio y asbesto– que la región estaba considerada como una de las más tóxicas de toda la Unión Soviética.

El equipo de investigadores, dirigido por los doctores Molodyev y Grigoriev, no fue capaz de hallar la causa del sorprendente fenómeno. Finalmente, Molodyev lo descubrió casi por casualidad, al ver en la despensa de una de las casas visitadas una serie de jarras. Al preguntar qué era aquello, se enteró de que en ellas se fermentaba el «té kvs», bebida muy popular en la región y que, según la leyenda, había sido traída de China cientos de años atrás. Seguidamente se constató que prácticamente todas las casas de Solikamsk y Beresniki fermentaban su «té kvs» y que todos los miembros de la familia lo tomaban a diario.

Kombucha y yogur. En la década de los sesenta se llevaron a cabo en Suiza numerosas investigaciones científicas sobre la kombucha, gracias a las cuales se llegó a la conclusión de que sus efectos eran, por lo menos, tan saludables como los del yogur. Desde entonces, su popularidad en Europa Central, donde la kombucha ya se conocía desde hacía tiempo, fue en aumento.

El método Sklenar. Entre los médicos que han realizado investigaciones sobre el té de kombucha destaca el doctor Rudolf Sklenar, quien desde 1951 hasta su muerte, ocurrida en 1987, estuvo administrando esta bebida a la mayoría de sus pacientes, ya que según él «con la kombucha obtengo resultados terapéuticos muy satisfactorios en los casos de enfermedades metabólicas y también en muchas patologías de naturaleza crónica, sin haber jamás observado efecto negativo alguno». El doctor Sklenar recomendaba especialmente tomar té de kombucha a todos los enfermos de cáncer.

SEÑAS DE IDENTIDAD: SABOR, COLOR Y OTRAS CARACTERÍSTICAS

Muchas de las personas que prueban la kombucha por primera vez la definen como una bebida similar a la sidra, mientras que a otras les recuerda ligeramente a la cerveza. Para la mayoría el sabor es indescriptible, pero agradable, y todo el mundo destaca la presencia de burbujas y la sensación que deja en la boca. Las características de esta bebida varían en función de la duración de la fermentación, del tipo de té utilizado y, sobre todo, de si se han añadido o no ingredientes para darle un sabor determinado, pero en esencia, la kombucha tiene unas señas de identidad que se mantienen en prácticamente todos los casos:

Sabor: es intermedio entre el dulce y el ácido-avinagrado, con un toque amargo —hay quien lo define como «terroso»— y unas notas peculiares que cambian con el tiempo. Si se desea una kombucha dulce, el tiempo de fermentación ha de ser más reducido, mientras que para conseguir un sabor más intenso y avinagrado, se debe prolongar la fermentación.

Olor: intenso, agudo y penetrante, indicativo de una fermentación que se ha realizado correctamente.

Aspecto: el disco, hongo o *scoby* es de un tono entre *beige* y blanco crema, a menudo «adornado» con unas hebras marrones (levaduras), con burbujas debajo. El líquido es de un tono rojizo, con ligeros reflejos ámbar.

Tacto: el *scoby* es suave y manejable, y a pesar de lo que puede parecer a simple vista, resulta agradable al tacto. En cuanto a la densidad de la bebida, es muy parecida a la del té.

Sonido: al abrir el recipiente en el que se conserva la kombucha una vez fermentada se puede oír el «chispeo» característico que indica que se trata de una bebida «sana».

Sus «pluses»: el proceso de fermentación le proporciona unas finas burbujas, efervescentes y mucho más agradables que las de otras bebidas carbonatadas. También tiene un contenido bajo en alcohol, producido durante la fermentación, pero que, una vez terminada esta, pasa a ser residual, lo que mantiene a la kombucha dentro de la categoría de bebidas no alcohólicas.

Precio: la kombucha es una alternativa muy económica, ya que sus ingredientes son muy baratos y fáciles de conseguir. Una vez que se obtiene el hongo madre o *scoby* (su precio no sobrepasa los 15-20 euros, pero se trata de una única inversión), se puede utilizar y reutilizar casi de forma indefinida.

PARA NO OLVIDAR

- Aunque se les da la misma denominación, en la kombucha hay que distinguir, por un lado, el cultivo –disco, hongo o *scoby*– y, por otro, el líquido o bebida ya fermentada.
- En todo el mundo existen alrededor de ochenta nombres para referirse a esta bebida, lo que pone de manifiesto tanto la tradición que arrastra como su enorme popularidad en todo el planeta.
- Los orígenes de la kombucha están rodeados de un cierto halo de misterio y leyenda, algo que aumenta aún más si cabe el atractivo de esta bebida.

Capítulo 3

QUÉ APORTA LA KOMBUCHA: PROPIEDADES Y COMPOSICIÓN

La presencia de ácidos, vitaminas, antioxidantes y otras sustancias implicadas en la fermentación a partir de la cual se obtiene la kombucha explica en gran medida los beneficios potenciales que esta bebida tiene para la salud y el bienestar. Hay que tener en cuenta que no todas las kombuchas contienen todos estos componentes en cada etapa de su elaboración, ya que es algo que depende directamente de la acción de las bacterias y levaduras, por un lado, y de factores como la cantidad de azúcar, el tipo de té, el tiempo de fermentación y la temperatura, por otro. Además, la enumeración de componentes que vamos a analizar a continuación no constituye una «lista cerrada», ya que todo apunta a que a medida que avancen las investigaciones que hay actualmente en marcha sobre estos nutrientes, probablemente nuevas enzimas, vitaminas o levaduras pasen a engrosarla en un futuro más o menos próximo.

ANTIOXIDANTES, POLIFENOLES Y VITAMINAS

Antioxidantes

Durante las últimas décadas, los antioxidantes se han consagrado como la mejor estrategia que tenemos para blindarnos frente a la acción de los radicales libres, esos compuestos o elementos que «capitanean», entre otros, el proceso de envejecimiento y el desarrollo de enfermedades como el cáncer. Los antioxidantes son sustancias químicas presentes en alimentos de origen vegetal (frutas y hortalizas, principalmente) y, también, en sus productos derivados (vino, zumos, confituras...), que se han revelado como un auténtico «botiquín» para la prevención de muchas enfermedades.

El té, uno de los principales ingredientes de la kombucha, es uno de los alimentos de los que se han demostrado más virtudes antioxidantes, las cuales, además, se potencian e incrementan gracias al proceso de fermentación.

El repertorio de nutrientes antioxidantes de la kombucha es amplio y variado, y entre ellos destacan la luteína, los beta-carotenos, el licopeno, el selenio, la coenzima Q10 y tres vitaminas: la A, la C y la E.

Los beneficios para la salud de seguir una dieta rica en antioxidantes son numerosos (y el «listado». se renueva continuamente, gracias a los resultados que aportan las investigaciones sobre estas sustancias). Entre los efectos más importantes de los antioxidantes destaca su acción frente a las siguientes enfermedades:

Cáncer: debido principalmente a su acción protectora frente a los efectos medioambientales implicados en el desarrollo de esta enfermedad, como son la contaminación o la radiación UVA.

Enfermedades cardiovasculares: seguir una dieta rica en frutas, verduras y otros alimentos antioxidantes como el aceite de oliva (el patrón típico de lo que se conoce como dieta mediterránea) es una de las principales estrategias recomendadas para reducir los niveles de colesterol LDL (el «malo»), en la actualidad el principal factor de riesgo para desarrollar una enfermedad cardiovascular.

Enfermedades neurodegenerativas: la dieta mediterránea ha demostrado su eficacia en la prevención de los daños debidos al envejecimiento a nivel cerebral y en la protección frente a las enfermedades neurodegenerativas asociadas a él, como son el párkinson y el alzhéimer. El alto contenido en nutrientes antioxidantes que caracteriza a este tipo de alimentación es una de las claves de ese efecto protector.

Diabetes: varias líneas de investigación apuntan a que los antioxidantes de la dieta podrían tener un papel protector frente a la aparición y el desarrollo de la diabetes tipo 2 debido a su capacidad para mejorar el metabolismo de la insulina.

Problemas relacionados con la vista: cada vez hay más evidencias de que seguir una dieta rica en antioxidantes como los carotenoides y las vitaminas A y C puede reducir el riesgo de desarrollar degeneración macular relacionada con la edad, la causa principal de pérdida visual irreversible en personas mayores de cincuenta años. Asimismo, una dieta en la que abunden alimentos ricos en vitamina A, luteína y otros antioxidantes es una de las principales recomendaciones que se dan para prevenir y frenar la evolución de la retinosis pigmentaria, una enfermedad crónica y degenerativa que provoca la ceguera en el 25 % de los pacientes afectados.

Envejecimiento cutáneo y alteraciones de la piel: tanto la ingesta de alimentos ricos en antioxidantes como su aplicación tópica suponen una de las mejores curas de belleza, ya que estas sustancias no solo mejoran el estado de la piel, devolviéndole el tono, la hidratación y la firmeza perdidas, sino que también reparan los daños que los radicales libres, sobre todo los derivados de la polución y la exposición solar, pueden producir a nivel más profundo, previniendo así la aparición de alteraciones cutáneas y del cáncer de piel.

Otras patologías: los antioxidantes también aportan beneficios a nivel digestivo. Así, se ha comprobado que la administración de estos nutrientes a pacientes con pancreatitis crónica reduce de forma significativa el intenso dolor que produce esta patología, además de la necesidad de tomar analgésicos y los días de hospitalización.

Polifenoles

Los polifenoles son sustancias químicas que se encuentran principalmente en las frutas y las verduras. Se trata de poderosos nutrientes antioxidantes cuya misión principal es plantar cara a los radicales libres, pero a medida que se han ido publicando los resultados de las numerosas investigaciones que se han realizado sobre ellos han ido mostrando un amplio repertorio de otros efectos específicos sobre el organismo: reducción de la inflamación; influencia sobre el correcto funcionamiento del sistema inmunitario (protegen frente a las infecciones) y la actividad hormonal; eficacia preventiva frente a enfermedades neurológicas (alzhéimer), la diabetes, el cáncer y la obesidad, y, sobre todo, protección frente a las cardiopatías. Algunos de los estudios más actuales han dado un paso más en el conocimiento de estas sustancias y se centran en los procesos metabólicos que llevan a la transformación de los polifenoles en el organismo, esto es, la forma en la que son absorbidos, en la que las bacterias intestinales juegan un papel importante.

Entre los distintos tipos de polifenoles destacan principalmente tres: los flavonoides, el resveratrol y las catequinas. La presencia de estos nutrientes en la kombucha viene de la mano del té empleado en su elaboración ya que es un ingrediente en el que están «representados» los tres principales tipos de polifenoles (en el caso concreto del té verde, estas sustancias suponen un 30 % de su contenido), destacando por encima de todos las catequinas. Estas, como buen polifenol, son poderosos antioxidantes que proceden de las plantas y de las que casi se podría decir que son «buenas para todo», ya que presentan una acción antiinflamatoria, antimicrobiana, antialérgica, antivírica, anticancerígena y antidiarreica, entre otras. También juegan un importantísimo papel en la reducción de los niveles de colesterol y triglicéridos, en la disminución del riesgo cardiovascular, en la protección frente a la arterioesclerosis, en la disminución de la grasa corporal y en la regulación de los niveles de insulina en sangre, lo que las convierte en excelentes aliadas en la prevención y el tratamiento de patologías como la diabetes o la obesidad.

Concretamente, en el té de kombucha (sobre todo si se emplea té verde para su elaboración) están presentes las siguientes catequinas: EC (epicatequina), ECG (epicatequina galata), EGC (epigalocatequina), EGCG (epigalocatequina galata) y TF (teaflavina). Al igual que ocurre con otros nutrientes, la cantidad de catequinas se incrementa de forma considerable durante el proceso de fermentación, debido a la capacidad de estas sustancias de permanecer estables en entornos ácidos. Como ya he apuntado, hay evidencias de que las concentraciones de catequinas en la kombucha suelen ser más elevadas si en la preparación se utiliza té verde en lugar de negro; el mayor pico de esta sustancia se alcanza alrededor del decimosegundo día de fermentación.

Vitaminas

La kombucha es una fuente importante de vitaminas, sobre todo las del grupo B.

Las vitaminas del grupo B pertenecen al tipo de las hidrosolubles y desempeñan un papel muy importante en el metabolismo celular. Durante la fermentación son sintetizadas por las levaduras presentes en la kombucha a medida que estas descomponen el azúcar. En este sentido, un estudio publicado en el 2004 en el *Central European Journal of Occupational and Environmental Medicine* constató que durante la fermentación aumenta el contenido de las vitaminas de este grupo (se alcanzan unos niveles de entre un 161 y un 231 % más altos que los que se encuentran en el té sin fermentar). Dentro de las vitaminas del grupo B presentes en la kombucha, hay algunas que tienen especial relevancia:

Vitamina B$_1$ (tiamina): es un nutriente esencial que el organismo absorbe rápidamente para llevar a cabo una amplia variedad de funciones metabólicas y neurológicas, entre las que se incluyen la conversión de los hidratos de carbono en energía o la producción de neurotransmisores. Es fundamental para el correcto funcionamiento cardiaco y también para asegurar el buen estado de los músculos y del sistema nervioso.

Vitamina B$_2$ (riboflavina): se trata de una vitamina que juega un papel importante en prácticamente todas las funciones del organismo. Pero, además, hay evidencias de que puede desempeñar un rol clave en la prevención del cáncer de cérvix y en las migrañas y problemas oculares como el glaucoma o las cataratas. Como todas las vitaminas de su grupo, aumenta los niveles de energía y potencia el sistema inmunitario, a la vez que ralentiza el proceso de envejecimiento. La riboflavina también se asocia al tratamiento de los problemas hepáticos y a la prevención de las pérdidas de memoria provocadas por el alzhéimer.

Vitamina B$_6$ (piridoxina): está implicada en un buen número de reacciones enzimáticas, así como en la síntesis por parte del organismo de neurotransmisores y hormonas relacionadas con el estado de ánimo, como son la serotonina y la melatonina. Es fundamental para el desarrollo y el funcionamiento normal del cerebro.

Vitamina B$_{12}$ (cobalamina): Importante vitamina implicada en el metabolismo de todas las células del organismo y especialmente en la síntesis de ADN. Tiene un papel esencial en el funcionamiento del cerebro y del sistema nervioso, así como en la formación de la sangre, de ahí que los déficits de vitamina B$_{12}$ puedan producir desde anemia hasta serios daños a nivel cerebral y muscular.

La kombucha también es rica en vitamina C, un nutriente indispensable para la formación y la reparación de todos los tejidos corporales y, además, es un poderoso antioxidante que ayuda a eliminar el exceso de radicales libres y refuerza la capacidad del organismo para defenderse frente a ellos. Está demostrado que cuanto más prolongado sea el proceso de fermentación del té de kombucha, más contenido en vitamina C aportará la bebida: según estudios realizados al respecto, este incremento puede llegar a casi 25 mg/l.

PARA NO OLVIDAR

- A pesar de los cientos de estudios realizados y de los millones de testimonios anecdóticos aportados por consumidores de kombucha en todo el mundo durante cientos de años, aún no se han llevado a cabo ensayos clínicos sobre esta bebida con el mismo rigor que, por ejemplo, los efectuados para el desarrollo de nuevos fármacos.

- Es importante tener muy claro que tanto la kombucha como el *scoby* deben considerarse siempre en un contexto integral de estilo vida sano, como sustancias/ingredientes relacionados con el bienestar, y no consumirla con el objetivo de diagnosticar, tratar, curar o prevenir ninguna enfermedad.

- Los beneficios de los nutrientes y sustancias que componen la kombucha están demostrados, pero ello no significa que esta bebida sea una panacea, sino que hay que considerarla como lo que es: un sabroso tónico a base de té mejorado por el proceso de fermentación y con propiedades probióticas.

BACTERIAS Y LEVADURAS

Las bacterias y las levaduras desempeñan un importante papel protagonista en la composición de la kombucha y en cierta medida «lideran» el proceso de fermentación. Hay una amplia variedad de estos microorganismos en esta bebida. Dependiendo de las particularidades del cultivo, de los ingredientes empleados en su elaboración o de las condiciones en las que se lleva a cabo la fermentación, entre otros factores, los expertos han encontrado en el té fermentado la presencia de entre una y cuatro cepas distintas de levaduras y entre dos y diez especies de bacterias, pero tanto el número como el tipo de cepas y levaduras es variable.

Bacterias

En todas las kombuchas predominan las bacterias implicadas en la producción del ácido acético, como las *Acetobacter*, y más concretamente la *Acetobacter ketogenum*, que se desarrolla en ambientes ricos en azúcares y en vitamina B, y la *Acetobacter aceti subsp. Xylinun*, que prefiere un ambiente rico en etanol y, además de ácido acético, genera celulosa. También se ha demostrado la presencia de bacterias del tipo *Gluconobacter* (*Gluconobacter oxudans subsp. Suboxydans, Gluconobacter xylinus* o *Gluconobacter kombuchae*), que contribuyen a la conversión del alcohol en diversos ácidos, principalmente el acético. Otras bacterias presentes en la kombucha son *Bacillus magaterium*, *Bacillus amyloliquefaciens* y *Rothia dentocariosa*.

Levaduras

Al igual que las bacterias, las levaduras son organismos unicelulares que se reproducen por fisión o mediante esporas. Muchas de ellas son microorganismos benéficos, que durante siglos han sido utilizados para la producción de diversos alimentos. Sin las levaduras, por ejemplo, no existirían ni el vino, ni la cerveza, ni ninguna de las otras bebidas alcohólicas. El pan aumenta de tamaño gracias a la levadura y el cacao, ingrediente básico del chocolate y todos los alimentos y bebidas derivados de él, debe su peculiar sabor al efecto que sobre las semillas del árbol de cacao tienen dos tipos de levaduras, la *Kloecera apiculata* y la *Pichia fermentans*, ambas también presentes en la kombucha.

Las células de la *Kloecera apiculata* tienen forma ovalada, fermentan la glucosa y son muy abundantes en el suelo de las comarcas vinícolas y en las fresas muy maduras. Por su parte, las células de *Pichia fermentans* tienen forma de sombrero y se unen formando una delgada película. Fermentan la glucosa con una rapidez extraordinaria, produciendo ácido láctico. Además de estar presentes en la kombucha y en el cacao, también se encuentran en algunos tipos de queso y en el zumo de naranja. La *Saccharomycodes ludwigii* es otra de las levaduras importantes de la kombucha; fermenta la glucosa y la sacarosa y su acción es inhibida totalmente por la luz directa del sol.

El cuarto tipo de levadura es la *Schizosaccharo-myces pombe*, de células redondas o elípticas, que produce un cierto sedimento y fermenta la glucosa, la sacarosa y la maltosa. Está presente también en la levadura de cerveza, en la miel de caña, en la sidra y en el zumo de pomelo. La acción de las levaduras es la responsable, entre otros efectos, de las burbujas que caracterizan al té de kombucha.

Las levaduras son visibles a simple vista cuando se acumulan como hebras marrones o hilos que flotan a través de la kombucha, haciéndola más oscura a medida que la levadura se reproduce. Se adhieren a la parte inferior del *scoby* y se acumulan en el fondo del frasco donde se conserva la bebida.

ÁCIDOS

Bacterias y levaduras colaboran en la formación de diversos ácidos, responsables de muchos de los efectos saludables de la kombucha. Estos son los que tienen una mayor presencia y los que juegan un papel más relevante en esta bebida y las propiedades que aporta:

Ácido acético

Es el más abundante de todos (llega a representar entre un 1 y un 3 % del total del té fermentado). Entre sus propiedades destaca la de eliminar muchos tipos de bacterias patógenas, y debido a estas cualidades bactericidas es muy utilizado en la industria alimentaria con el objetivo de reducir los riesgos de contaminación. Concentraciones muy ligeras de ácido acético son fatales para las bacterias causantes de numerosas enfermedades, como la *Listeria monocytogenes* (listeriosis), la *Salmonella typhimurium* (salmonelosis) y la *E. coli* (problemas intestinales, como la diarrea).

Los niveles de ácido acético en la kombucha aumentan a medida que progresa el proceso de fermentación, haciendo imposible que microorganismos exógenos contaminen la bebida. Este ácido es también el responsable de su característico sabor avinagrado. Investigaciones realizadas al respecto han demostrado que el ácido acético puede tener un importante efecto sobre la glucosa en sangre, regulando sus niveles (y evitando así los «picos de azúcar») al intervenir en el proceso de descomposición de los almidones y azúcares. Además, aumenta los niveles de energía, ayuda a la digestión, favorece la absorción de calcio y magnesio en el intestino, reduce el colesterol, disminuye los niveles de triglicéridos en sangre y aumenta la sensación de saciedad.

Ácido glucurónico

Producido naturalmente en el hígado, se podría definir como el «patrullero» de las toxinas del organismo, ya que lo ayuda a eliminar los restos de fármacos, contaminantes alimentarios, toxinas medioambientales y desechos corporales como la bilirrubina, los ácidos grasos oxidados y el exceso de hormonas y de colesterol, entre otros. Una vez que las moléculas de ácido glucurónico se unen a ellas, las toxinas son excretadas por el cuerpo. Este ácido también se convierte rápidamente en glucosamina, una sustancia fundamental para nuestro sistema esquelético, ya que proporciona fuerza y lubricación a las articulaciones, refuerza los cartílagos, aumenta la densidad del colágeno y asegura la flexibilidad necesaria para mantener una movilidad óptima. Sin embargo, la producción de este ácido por parte del organismo puede no ser suficiente para garantizar esta acción desintoxicante y reparadora. Investigaciones recientes han demostrado que durante la fermentación de la kombucha se produce una síntesis de ácido glucurónico en niveles apreciables, aunque la cantidad exacta varía mucho dependiendo de las levaduras y bacterias presentes en el *scoby*, de las condiciones de preparación y de las características del sustrato (azúcar y té). En un estudio llevado a cabo en el 2013 se observó que los cultivos de kombucha fermentados en uva y té negro producían cantidades más elevadas de este ácido, debido probablemente al mayor contenido en glucosa de las uvas. En esta línea, la mayoría de las investigaciones demuestran que la utilización de té negro proporciona unos niveles más elevados de ácido glucurónico después de, al menos, dos semanas de fermentación.

Ácido glucónico

Tiene potentes cualidades bactericidas y representa un 1,9 % del total del líquido fermentado. El ácido glucónico es un producto resultante de la descomposición de la glucosa por parte de las cepas de la bacteria *Gluconobacter*, que se pueden encontrar tanto en el intestino como en la kombucha. Hay evidencias de que este ácido interactúa con otro presente en esta bebida, el ácido butírico, y que esta interacción tiene efectos muy beneficiosos para la salud del tracto gastrointestinal. La utilización comercial del ácido glucónico en la industria alimentaria indica por qué la kombucha es eficaz como regulador de la acidez y también como ablandador de la carne. Este ácido, además, se une a otros elementos para potenciar las propiedades antioxidantes y cicatrizantes de esta bebida, por ejemplo aumentando la absorción de minerales como el hierro y el calcio.

Ácido láctico

Supone aproximadamente un 0,5 % del total del líquido (las cantidades varían en función del cultivo y del ambiente en el que se produce la fermentación). El organismo utiliza este ácido a modo de combustible, y lo hace en un doble sentido, tanto para el cerebro como para los músculos, permitiendo a ambos utilizar los carbohidratos de forma más eficiente, a la vez que cataliza la formación de glucógeno en el hígado.

Otros ácidos

En concentraciones mucho menores se encuentran otros ácidos, como el cítrico, un poderoso antioxidante y protector del hígado que favorece la eliminación del exceso de minerales que pueden depositarse en él, como el calcio. Los análisis llevados a cabo sobre la composición de la kombucha han confirmado también la presencia de ácido caprílico, que, además de su potente acción antimicrobiana, se ha asociado a una reducción de la presión sanguínea y se utiliza en el tratamiento de la enfermedad de Crohn; el ácido decanoico,

QUÉ APORTA LA KOMBUCHA

del que hay evidencias de que ayuda a ajustar y equilibrar los niveles adecuados de colesterol LDL (el «malo») y HDL (el «bueno») en el organismo, y el ácido glucurónico, que, según se ha demostrado, juega un importante rol en la eliminación de tóxicos y sustancias potencialmente cancerígenas por parte del organismo y del que actualmente se está investigando su potencial papel en el freno del desarrollo de determinados tumores.

PARA NO OLVIDAR

Estos son los principales tipos de ácidos presentes en la kombucha:

1. Acético	7. Cítrico
2. Benzoico	8. Glucónico
3. Butírico	9. Glucurónico
4. Cáprico (deca-noico)	10. Hialurónico
	11. Láctico
5. Cáprico (hexa-noico)	12. Málico
	13. Nucleico
6. Caprílico	14. Oxálico

59

OTRAS SUSTANCIAS

Aminoácidos

Son la base o los «ladrillos» a partir de los cuales se construyen las proteínas. El hongo o *scoby* con el que se elabora la kombucha contiene los nueve aminoácidos esenciales (aquellos que no puede producir el organismo y que, por tanto, deben proceder de los alimentos): histidina, isoleucina, leucina, lisina, metionina, fenilalanina, treonina, triptófano y valina. Según demostró un estudio publicado en el 2010 en *Food Science Biotechnology*, las cantidades de los aminoácidos presentes en la kombucha aumentan a medida que avanza la fermentación, hasta alcanzar la cifra más alta veintiún días después del inicio del proceso en el caso de que el cultivo se realice con té negro.

Enzimas

Las enzimas son moléculas proteicas que actúan como catalizadoras de muchísimos procesos físicos. El té de kombucha contiene gran cantidad de enzimas importantes, entre ellas la amilasa, la invertasa y la lactasa. Las tres cumplen la función vital de descomponer las moléculas de alimento de gran tamaño en otras más pequeñas, facilitando así su asimilación por parte del organismo. De este modo, por ejemplo, la invertasa convierte la sacarosa en glucosa y fructosa, mientras que la lactasa, por su parte, hidroliza la lactosa (contenida en

QUÉ APORTA LA KOMBUCHA

la leche), convirtiéndola en glucosa y galactosa. Un análisis de la kombucha llevado a cabo en 1993 por expertos de la Universidad de Stuttgart (Alemania) evidenció también la presencia de una importante cantidad de colina, un nutriente con notables beneficios a nivel cerebral y cardiovascular.

Asimismo se han encontrado marcadores de acción enzimática (restos de fitasa, por ejemplo) en el *scoby* deshidratado, lo que indica la presencia de otras enzimas que intervienen en diferentes fases de la fermentación cuando es necesario, tomando parte activa en todo el proceso.

Glucosa

La glucosa es la fuente de energía primaria para prácticamente todas las formas de vida que hay en el planeta. Se almacena en el organismo en forma de glucógeno y allí permanece, lista para activarse cuando el cuerpo necesita «gasolina». Por eso, cuando los depósitos de glucógeno se agotan, es normal sentirse cansado y experimentar fatiga y, además, existe el riesgo de que este desequilibrio de glucógeno termine derivando en una diabetes. Durante el proceso de fermentación, la glucosa se metaboliza en forma de ácido glucónico y glucurónico, los responsables de muchos de los beneficios saludables que se atribuyen a la kombucha.

Fructosa

La fructosa es el azúcar presente de forma natural en los alimentos (por tanto, saludable, beneficiosa y sin procesar), necesaria para el desarrollo de numerosos procesos biológicos. En la kombucha, las levaduras metabolizan la sucrosa y la transforman en fructosa y glucosa con el objetivo de acelerar la respiración celular, creando dióxido de carbono (CO_2). De los niveles residuales de azúcar presentes en la kombucha, la mayor parte es fructosa (y no glucosa), y esta es una de las razones por las que las personas diabéticas pueden consumir esta bebida sin problema.

Cafeína

Esta sustancia, un alcaloide, recibe el nombre de teína cuando se encuentra en el té. En el mundo vegetal, se trata de una neurotoxina que actúa como un pesticida que protege las plantas. En los humanos, en cambio, esta sustancia es un estimulante, aumenta la frecuencia cardiaca y abre las vías respiratorias, al relajar los músculos lisos de los bronquios. La cafeína/teína es una sustancia necesaria para la fermentación de la kombucha, aunque sus niveles se reducen durante el proceso.

Teobromina y teofilina

En el té hay trazas de estos dos alcaloides, que tienen propiedades relajantes y ayudan a suavizar el tejido muscular liso de los bronquiolos, facilitando la respiración, con los beneficios que esto conlleva en patologías como el asma.

Compuestos volátiles

Además de todas estas sustancias y nutrientes, en la kombucha se encuentran cientos de compuestos volátiles, que son los que en parte le confieren su sabor y su particular aroma. Entre ellos destaca el 4-etilfenol, un compuesto producido por la *Brettanomyces*, una levadura presente con frecuencia en la kombucha (y también en otras bebidas, como el vino y la cerveza). En sí mismo, este compuesto no tiene un aroma del todo agradable (muchos lo describen como «medicinal»), pero en el proceso de formación de la kombucha aporta un delicioso toque ligeramente terroso. Esta sustancia se crea a partir de un ácido, el p-cumárico, que a su vez es un poderoso antioxidante, presente también en el vino y el vinagre y que se ha asociado a la reducción de la formación de sustancias carcinogénicas en el estómago. Su presencia en la kombucha aporta un perfil de sabor único, además de añadir un argumento más a las potenciales propiedades antitumorales atribuidas a esta bebida.

El etil acetato es un subproducto del ácido acético, que tiene un característico toque a medio camino entre el dulce-afrutado y el ácido agudo, lo que contribuye a aportar a la bebida final su característico sabor.

También forma parte de la composición de la kombucha el fenetil alcohol, un alcohol aromático presente en algunas variedades de aceites esenciales y que se utiliza para aromatizar y saborizar los aditivos alimentarios. Tiene propiedades antimicrobianas; concretamente, es un antibiótico natural específico para la *Candida albicans*.

LA IMPORTANCIA DEL TÉ COMO INGREDIENTE

Aunque es la segunda bebida más consumida del mundo (solo detrás del agua) y hace tres mil años los chinos ya lo incluían en su rutina diaria, no ha sido hasta hace pocas décadas cuando los investigadores se han dedicado a desglosar todas las propiedades que las distintas variedades del té tienen para la salud y de las que se benefician en gran medida los consumidores de la kombucha.

Estas propiedades beneficiosas radican fundamentalmente en uno de sus componentes, los polifenoles, de los que ya he hablado. Concretamente, el té contiene varios tipos de polifenoles, pero los más abundantes son los flavonoides y, a su vez, los principales flavonoides del té pertenecen a un tipo de sustancias conocidas genéricamente como catequinas, fundamentalmente anticancerígenas y antibióticas. Aunque estos beneficios están presentes en todas las modalidades, cada tipo de té ofrece una serie de características propias que es importante conocer.

Té negro

Es el té común y, también, el más consumido en el mundo. Es la modalidad más elegida para preparar la kombucha. A diferencia de otros, ha sido sometido a un proceso de fermentación, cuya acción sobre los polifenoles le aporta mayores propiedades aromáticas que el resto y un sabor más robusto. En cuanto a sus beneficios para la salud, debido a su contenido en flavonoides, ayuda a la relajación de los vasos sanguíneos, tiene propiedades cardioprotectoras, contribuye a la no oxidación del colesterol «bueno» y previene la caries dental. Además, tiene un reconocido poder astringente, lo que lo hace muy recomendable en los casos de diarrea.

Té verde

Se obtiene de las mismas hojas que el té negro y se elabora siguiendo el mismo proceso, pero sin fermentación. Entre sus propiedades destacan la de reforzar las defensas del organismo ante distintas enfermedades, ya que contiene un 30 % de polifenoles (solo es superado en este sentido por el té blanco). Numerosos estudios han demostrado su importante papel en la disminución del colesterol y los triglicéridos; en la reducción del riesgo cardiovascular; en la protección frente a la arterioesclerosis; en la disminución de la grasa corporal (debido a su alto contenido en teína, cafeína y catequinas), y en la regulación del nivel de insulina en sangre, lo que lo convierte en un estupendo aliado en patologías como la diabetes y la obesidad. Además, por su acción estimulante del sistema nervioso central, puede emplearse para aliviar tanto la fatiga física como la mental, así como para contrarrestar los síntomas de un ataque de asma, debido a su actividad broncodilatadora. A diferencia del té negro, es poco aromático y tiene un sabor amargo, así que la kombucha preparada con este tipo de té puede resultar menos sabrosa que la que se elabora con té negro (lo ideal es mezclar ambos). A la hora de saborizarlo, va muy bien con un toque de menta o hierbabuena.

Té rojo

En realidad, se trata de las mismas hojas del té verde, pero sometidas a una fermentación especial, que las hace más resistentes y les confiere nuevas propiedades curativas, entre ellas la de desintoxicar y depurar el organismo. También se sabe que refuerza el sistema inmunitario; estimula la secreción de las glándulas digestivas, por lo que facilita la digestión (sobre todo si ha habido exceso de grasas); reduce los niveles de colesterol LDL; activa el metabolismo del hígado; protege de las infecciones, y tiene un ligero efecto euforizante, capaz de aliviar el mal humor y las depresiones propias de los cambios de estación. Aporta un tono rojizo, un aroma suave y un sabor «terroso». Su contenido en teína es bajo.

Té blanco

Aunque no cuenta con muchos adeptos entre los «puristas» de la kombucha, es interesante conocer las propiedades que aporta esta modalidad. Procede de las primeras yemas de la planta, cuando están cubiertas de una «pelusilla» blanca; debido a esta recolección precoz, sus nutrientes están muy concentrados. Contiene la mitad de teína que, por ejemplo, el té verde. Según investigaciones recientes, aporta tres veces más polifenoles que el té verde y más antioxidantes que las vitaminas C y E juntas. Por todo ello, reduce el riesgo de desarrollar ciertos tipos de cáncer; disminuye los niveles de colesterol y de triglicéridos en sangre; estimula las defensas del organismo; combate la fatiga mental; reduce el riesgo de padecer enfermedades cardiovasculares; regula las alteraciones propias de la menopausia; es un estupendo complemento de las dietas de adelgazamiento, ya que es suavemente diurético y favorece la eliminación de grasas, y frena la acción de los radicales libres, lo que lo convierte en un excelente antídoto antienvejecimiento. Tiene un sabor más agradable y menos amargo que otras modalidades.

Té *rooibos*

Tampoco es uno de los más frecuentes para preparar la kombucha, pero entre sus ventajas destaca la de tener un sabor suave, dulce y afrutado, que añade un plus de dulzor a la mezcla. Procede de un arbusto similar a un pequeño pino que crece en África. Contiene hierro, potasio, cobre, calcio, magnesio y flúor, además de antioxidantes y vitaminas A, C y E. Es altamente mineralizante y refuerza las defensas del organismo. No contiene teína, por lo que es apto para todo tipo de consumidores.

TRES NUTRIENTES CLAVE EN EL TÉ YA FERMENTADO

Azúcar

Este es el contenido final de azúcares que aporta la kombucha, según el resultado de un análisis realizado con té fermentado durante once días:

- Fructosa: 0,64 %
- Glucosa: 2,75 %
- Sacarosa: 0,25 %
- Maltosa: 0,0 %
- Lactosa: 0,0 %

Naturalmente, cuanto más ácido sea el sabor del té menor será su contenido en los diversos azúcares, por lo que estas cifras son meramente aproximativas y pueden variar de un día para otro.

Alcohol

El té fermentado contiene entre un 0,4 y un 0,5 % de alcohol etílico, dependiendo del tiempo y de las circunstancias de fermentación. Se trata de una cantidad muy pequeña, inferior a la que aportan, por ejemplo, muchos zumos de fruta y algunas frutas maduras. El contenido alcohólico de la kombucha es también inferior al de algunas cervezas sin alcohol.

Calorías

El bajo aporte calórico es otra de las razones por las que la kombucha se presenta como una alternativa saludable frente a otras bebidas, como los refrescos azucarados: aproximadamente unas 30 por cada 100 ml de bebida.

ALGUNAS CONSIDERACIONES PREVIAS SOBRE LAS CUALIDADES TERAPÉUTICAS DE LA KOMBUCHA

Una vez conocida la composición nutricional de la kombucha y antes de adentrarnos a analizar más a fondo las aplicaciones prácticas de sus propiedades terapéuticas y conocer las conclusiones de las investigaciones que se han llevado a cabo en este sentido, conviene reflejar aquí lo que se indicaba al respecto en la anterior edición de esta obra:

El *Manual Hagers de Práctica Farmacéutica* dice, refiriéndose a la kombucha: «En la medicina popular es utilizada como prevención y cura para prácticamente todas las enfermedades, pero especialmente como diurético y contra la arterioesclerosis, la gota, las disfunciones intestinales y los cálculos».

Como bien dice el alemán Günter W. Frank, autor de varias obras sobre esta bebida fruto de sus muchos años de investigación sobre ella, esa utilidad «para prácticamente todas las enfermedades» es lo que ha generado gran parte de la desconfianza con la que muchos practicantes de la medicina consideran a la kombucha.

Es evidente que muchos de los efectos benéficos que se le atribuyen deben investigarse y comprobarse. Sin embargo, hay otros que están ya sobradamente demostrados, tanto por estudios científicos como por la experiencia práctica y diaria de miles de personas de todas las épocas. Entre ellos destaca su positiva influencia sobre la flora intestinal y sobre los desarreglos digestivos, su poderosa acción desintoxicante, su ayuda en la restauración del equilibrio ácido/alcalino del cuerpo y su acción reforzadora del organismo ante las invasiones bacterianas y ante la enfermedad en general.

Como suele ocurrir en casos semejantes, las voces críticas también se han levantado en contra de la kombucha, aunque casi siempre —es necesario decirlo— totalmente exentas de razón.

Uno de los temas más debatidos han sido los supuestos efectos sobre el cáncer. En este contexto destaca la figura de Rudolf Sklenar, médico alemán que durante más de treinta años utilizó con éxito la kombucha, complementada con otros probióticos específicos, para tratar varias enfermedades, incluido el cáncer. El doctor Sklenar compartía la idea —común entre muchos investigadores independientes— de que el cáncer es una enfermedad con base viral. Las numerosas curaciones logradas por este médico se encuadran todas ellas dentro de las llamadas «evidencias anecdóticas», pues no se han realizado los estudios debidamente controlados que puedan demostrar la efectividad de la kombucha en el combate contra el cáncer. Lo más triste es que muy probablemente dichos estudios nunca se realizarán, pues ninguna compañía farmacéutica está dispuesta a gastar millones de dólares para demostrar la eficacia de una sustancia no patentable.

Las instituciones de salud pública sí podrían realizar dicha inversión, pero tampoco lo harán nunca, en parte por el burocratismo que impera en ellas y en parte por las conocidas alianzas y conexiones con la poderosa industria de la enfermedad. ¿A quién le puede interesar que la gente se cure a sí misma —o, mejor, que no enferme— gracias a un brebaje que se prepara en casa y cuyos ingredientes pueden encontrarse en cualquier cocina?

Por otro lado, de vez en cuando surgen voces que claman contra la kombucha «casera», fermentada por «aficionados» sin ningún tipo de control sobre las medidas higiénicas utilizadas. Son voces carentes de razón, pues está demostrado que la kombucha se protege perfectamente a sí misma. Su contenido en alcohol, ácido acético y otros bactericidas y agentes antibióticos hacen innecesaria cualquier medida antiséptica extraordinaria. Las normas de higiene que suelen observarse en la preparación de cualquier otro alimento son más que suficientes. Los experimentos realizados por el profesor ruso Barbancik en 1958 lo llevaron a concluir que «las bacterias generadoras del ácido acético eliminan enérgicamente a cualquier otro microorganismo que se le acerque». En la misma línea, su compatriota, la doctora L. T. Danielova, afirma en su obra *Morfología de la Kombucha*, publicada en 1954, que «no es necesario esterilizar los utensilios ni tomar ninguna medida adicional. El cultivo crece al aire libre y la solución nutriente en la que se desarrolla permanece transparente e impoluta».

Uno de los principales críticos de la fermentación casera y de la ingesta incontrolada de kombucha es Paul Stamets, un cultivador del estado de Washington (Estados Unidos). En 1990, mandó una muestra de kombucha a los laboratorios de una compañía farmacéutica para que la analizaran. El resultado mostró que el té poseía una potente actividad antibacteriana y que resultaba efectivo incluso contra algunos linajes de bacterias resistentes a los antibióticos, entre ellas ciertos tipos de *Stafilococo aureo*. La compañía en cuestión mostró un gran interés en su explotación y sus responsables decidieron realizar un análisis mucho más exhaustivo con la idea de aislar, purificar y sintetizar los principios activos de la kombucha, para seguidamente proceder a su comercialización. Cuando Stamets los informó de que no se trataba de un organismo simple, sino de una comunidad de diferentes levaduras y bacterias, montaron en cólera e incluso pretendieron cobrarle una cantidad desorbitada de dinero por los análisis y «por el tiempo que les había hecho perder».

Precisamente por su potente actividad antibacteriana, Stamets opina que es peligroso tomar la kombucha diariamente, temiendo que el resultado pueda ser el mismo que si consumiéramos cada día una buena dosis de antibióticos purificados, como por ejemplo penicilina, es decir, que contribuya a generar nuevos tipos de bacterias y virus mucho más resistentes a la acción de los antibióticos. Esta opinión es compartida por algunos médicos naturistas, entre ellos el doctor Andrew Weil, gurú de la medicina integrativa.

Otro tema que origina frecuentes discusiones es el referente al ácido glucurónico, cuya acción desintoxicante está hoy suficientemente probada. El ácido glucurónico se combina con productos metabólicos de desecho y sustancias nocivas y tóxicas existentes en el organismo; de este modo las hace solubles en el agua y facilita su eliminación. La mayoría de los autores aseguran que en el té de kombucha aparece una cantidad variable de este ácido; sin embargo, Christopher Hobbs, reconocido experto en fitoterapia y especialista en kombucha, y otros autores lo niegan, basándose en sus propios análisis. Posiblemente, ambos bandos tengan razón. La composición del té varía notablemente de unas fermentaciones a otras, no solo dependiendo de los ingredientes, de la temperatura y del tiempo de fermentación sino también del material con el que estén fabricados los utensilios utilizados e incluso su forma. Tampoco sabemos los métodos de análisis empleados por unos y otros ni el margen de error de dichos métodos. Además, no se debe olvidar la importante observación al respecto contenida en el libro de la doctora Danielova: «La composición real de la simbiosis varía en función de las condiciones geográficas y climáticas, y depende mucho de los tipos de bacterias y levaduras que existan en cada lugar».

En lo que respecta a sus pretendidos efectos adelgazantes, la efectividad de la kombucha es dudosa. Conozco algún caso en que ha habido reducción de grasa corporal, pero nada espectacular y posiblemente consecuencia de otros factores. En mi opinión, este efecto que se le atribuye se debe a que, por la importancia que el problema de la obesidad está alcanzando en los Estados Unidos, ninguna «panacea» que se precie puede dejar de proclamar efectos adelgazantes.

Pero la verdadera leyenda negra de la kombucha se inició en el estado de Iowa, donde una persona falleció tras tomar el té y otra tuvo complicaciones muy graves, aunque finalmente salvó la vida. Las autoridades sanitarias realizaron una investigación, pero no pudieron demostrar que la muerte se hubiera producido a causa de la kombucha; sin embargo, la noticia fue ampliamente difundida por los medios de comunicación y tuvo un gran eco en todo el país. La fallecida era diabética y tenía problemas graves de salud. Por su parte, la superviviente manifestó que el té que tomaron tenía un sabor horrible, pero que ambas lo bebieron porque creían que «era bueno para ellas».

¿Han cambiado las cosas después de todos estos años? ¿Hasta qué punto están demostrados en la actualidad los potenciales beneficios de la kombucha en la prevención y el tratamiento de patologías concretas? Vamos a comprobarlo a continuación.

Capítulo 4

CUALIDADES TERAPÉUTICAS DE LA KOMBUCHA

Las recomendaciones acerca de las ventajas de la kombucha en relación con el aumento del bienestar y la mejora del estado de salud general se sustentan, por un lado, en su condición de fermentado probiótico y, por otro, en los estudios —la mayoría aislados, eso sí— que han asociado su consumo con determinados efectos beneficiosos sobre un amplio repertorio de enfermedades.

MICROBIOTA, PROBIÓTICOS Y FERMENTADOS: LA TERNA SALUDABLE

Estos tres términos van de la mano, son prácticamente indisociables entre sí y centran una parte importante de la investigación científica actual, en un contexto en el que cada vez hay más evidencias sobre el papel que juega el bienestar intestinal en la salud del resto de los órganos y funciones corporales. De hecho, al intestino ya se lo denomina «el segundo cerebro», pues está demostrado, entre otras cosas, que en el tubo digestivo hay casi tantas neuronas como en el órgano pensante, y que, además, este tubo y el cerebro están estrechamente conectados e integrados, de una manera bidireccional, a través del sistema nervioso autónomo y del sistema hormonal que controla el estrés (eje hipotálamo-hipofisario-suprarrenal o intestino-cerebro), de tal forma que cuando, por ejemplo, se produce una alteración en esa «conversación» entre el sistema nervioso y el aparato digestivo, como ocurre en algunas personas con depresión o trastornos de ansiedad, pueden aparecer síntomas gastrointestinales. Conozcamos más a fondo a cada uno de los integrantes de este peculiar trío.

MICROBIOTA

«Los animales no podrían sobrevivir si se los privara completamente de los microorganismos comunes». De esta forma se refería, allá por 1885, el científico Louis Pasteur a lo que hoy conocemos como microbiota, es decir, la amplia variedad de microorganismos (hongos, bacterias, parásitos, etc.) que forman un ecosistema natural y que viven de manera normal en las distintas partes del cuerpo, especialmente en el intestino delgado.

Aunque expertos como Pasteur ya habían dado pistas sobre su importancia, el estudio de la microbiota y del microbioma humanos se puso en marcha en las décadas de los cincuenta y sesenta del siglo pasado. Fue entonces cuando se empezó a ver a las bacterias con otros ojos, ya que hasta ese momento se consideraba que eran un problema y que la presencia de virus, bacterias, hongos y demás microorganismos suponía una pesada carga que se debía erradicar. El cambio de perspectiva de los científicos reveló que la interacción y la simbiosis que se establecía entre estos microorganismos tiene muchos beneficios para la salud y que, además, su presencia se puede considerar una señal de que estamos sanos.

El número de microorganismos totales que habitan en el cuerpo humano es enorme —supera a la cantidad de células—, pero las peculiaridades de los que residen en el intestino baten récords; por ejemplo, todas las bacterias intestinales juntas poseen ciento cincuenta veces más genes que un ser humano. Esta descomunal acumulación de genes (microbioma) se va adaptando a la edad y a las necesidades del organismo. De hecho, las últimas evidencias sugieren que la microbiota intestinal se perfila como uno de los elementos con mayor dotación genética, de ahí que haya muchas líneas de investigación centradas en descifrar su impacto en el resto de los órganos y sistemas.

Las distintas especies de bacterias y otros microorganismos que se «hospedan» en nuestro intestino (y que forman la microbiota) se encargan de funciones tan determinantes como la digestión, la absorción y síntesis de nutrientes, el correcto funcionamiento del sistema inmunitario o la protección frente a la entrada en el organismo de agentes patógenos. Estas son las principales señas de identidad de la microbiota:

- Es diferente en cada persona y, además, se va modificando a lo largo de la vida.
- Se calcula que el ser humano es portador de unos mil millones de bacterias intestinales,[*] distribuidas en miles de especies diferentes.
- La mayor parte de estos microorganismos que se encuentran en el sistema digestivo se adquieren en el momento del parto, por transmisión de la flora bacteriana materna.
- La microbiota intestinal puede llegar a pesar dos kilos.
- Hay evidencias de que en casos de sobrepeso, malnutrición, depresión o problemas intestinales crónicos existe una alteración de las condiciones de estas bacterias en el intestino.

---

[*] La cifra varía según la fuente consultada, pero este sería el promedio aproximado.

Objetivo, evitar la disbiosis

Se sabe que tanto la microbiota como el microbioma sufren cambios en función de distintos factores: la dieta, el sedentarismo, determinados tóxicos (como el alcohol o el tabaco), la edad... En esta línea cabe destacar el papel negativo que tiene el uso, y sobre todo el abuso o uso inadecuado, de ciertos medicamentos como los antibióticos.

A esto hay que añadir que las modernas tecnologías utilizadas en la industria alimentaria han eliminado en gran parte el contenido microbiano beneficioso de los alimentos, reduciendo por tanto las defensas naturales que contenían cuando se producían de manera tradicional.

Como consecuencia de todos estos factores se pasa de una situación de equilibrio (eubiosis) a otra de desequilibrio (disbiosis). La disbiosis o alteración de la microbiota se manifiesta con una serie de síntomas, que van desde las molestias digestivas (estreñimiento, diarrea) hasta el dolor de cabeza, pasando por otros como la hinchazón, la retención de líquidos o problemas en la piel. Pero, además, está implicada en la aparición de diferentes patologías. Las líneas actuales de investigación apuntan a que esta disbiosis puede afectar al estado de salud de dos maneras: conduciendo a enfermedades intestinales, como pueden ser la enfermedad inflamatoria intestinal, las intolerancias alimentarias o el cáncer colorrectal, o desencadenando enfermedades sistémicas, como el asma, las alergias, los problemas metabólicos o patologías del sistema nervioso central. Una de las estrategias más efectivas para mantener el equilibrio de la microbiota y evitar esta disbiosis es el consumo de fermentados y probióticos.

PROBIÓTICOS

Tras décadas de investigación básica y clínica, los expertos disponen en la actualidad de abundante información, clara, precisa y contrastada, sobre los probióticos y prebióticos. De hecho, el conocimiento sobre la implicación de estos nutrientes en el bienestar y el correcto funcionamiento del organismo es actualmente una de las principales líneas de investigación y se perfila como uno de los grandes campos de estudio en la medicina del siglo XXI.

Lo primero que hay que tener claro es la diferencia entre ambos nutrientes: los alimentos con probióticos (que es el caso de los productos lácteos fermentados y, también, de la kombucha) siempre contienen bacterias vivas, mientras que los prebióticos son ingredientes alimenticios con capacidad para estimular nuestra microbiota intestinal (funcionan, por ejemplo, como la fibra dietética) y cuyas principales fuentes son sobre todo las frutas, verduras y legumbres.

Lo que nos interesa aquí es ahondar en las particularidades de los probióticos, categoría dentro de la que se encuadra la kombucha. Las propiedades probióticas de esta bebida se derivan de las bacterias asociadas al ácido láctico (lactobacilos y bifidobacterias), uno de los que forman parte del proceso de fermentación y que también está presente en el contenido final del té fermentado.

La puerta de entrada al descubrimiento de las potencialidades saludables de los probióticos vino de la mano de la salud digestiva infantil y, más concretamente, del estudio de los beneficios de los probióticos en el caso de las enfermedades diarreicas (la segunda causa de muerte de niños menores de cinco años en el mundo, según la Organización Mundial de la Salud), especialmente aquellas producidas como efecto secundario de la ingesta de antibióticos.

Curiosamente, la palabra *probiótico* deriva del término griego que significa «a favor de la vida», contrapuesto en cierta medida al concepto de *antibiótico*: mientras estos fármacos curan una infección eliminando las bacterias que la producen, los probióticos previenen el problema enriqueciendo la microflora con bacterias beneficiosas.

A partir de ahí, los estudios se han ido extendiendo a otros órganos y sistemas, y las investigaciones actuales se centran sobre todo en el papel que juegan estos nutrientes en la obesidad, considerada como una de las principales epidemias de salud de este siglo; el síndrome metabólico; patologías relacionadas con el sistema nervioso y los trastornos del comportamiento (autismo, depresión, ansiedad), y la degeneración neuronal vinculada al proceso de envejecimiento (alzhéimer). En este sentido, tal y como se recoge en la publicación *Probióticos, prebióticos y salud: evidencia científica*, elaborada por la Sociedad Española de Probióticos y Prebióticos (SEPyP), la aplicación de los probióticos ya está consolidada en ciertas patologías, sobre todo gastrointestinales, pero también se emplean en enfermedades tan diversas como el autismo o la celiaquía, además de otras áreas en las que se está investigando actualmente. Estas son algunas de las evidencias que ha arrojado la intensa investigación sobre los probióticos:

Mejoran el funcionamiento del aparato digestivo

Uno de los efectos de los probióticos sobre los que hay más datos científicos es el papel que desempeñan en la mejora de los trastornos digestivos, como la diarrea (infecciosa o asociada al uso de antibióticos), el estreñimiento, la sensación de pesadez o los gases.

Aumentan las defensas del organismo

Se ha demostrado que los probióticos ejercen un efecto protector frente a las infecciones a través de distintos procedimientos: desarrollando sustancias antimicrobianas (bacteriocinas); produciendo ácidos orgánicos (láctico o acético, ambos presentes en la kombucha) que reducen el pH e impiden el desarrollo de bacterias negativas, y «compitiendo» con los gérmenes para evitar que éstos se instalen en el organismo.

Estimulan el sistema inmunitario

Los probióticos estimulan la actividad de los macrófagos (las células más importantes del sistema inmunitario) y favorecen la producción de anticuerpos (IgA). De hecho, cada vez más los especialistas los están vinculando a la nueva tendencia de la «inmunonutrición», esto es, aquellos alimentos o complementos alimenticios que además de nutrir pueden aportar excelentes propiedades que se traducen en una mejora del sistema inmunitario y en una protección frente a alergias e infecciones.

Ofrecen beneficios para el aparato genitourinario

Los probióticos tienen también un efecto positivo en el bienestar urinario y en los desequilibrios de la flora vaginal que derivan en la vaginosis bacteriana o vulvovaginitis candidiásica. En este sentido es importante recordar que la flora vaginal está constituida principalmente por lactobacilos que contribuyen a mantener su equilibrio así como un pH adecuado o una correcta lubricación. Circunstancias como el embarazo, el tratamiento con antibióticos, el uso de anticonceptivos orales, el empleo de determinados productos de higiene íntima irritantes o de ropa íntima sintética, la falta de estrógenos y otros cambios hormonales (pubertad, posparto, menopausia), o la aparición microorganismos (hongos y bacterias) en la zona íntima pueden alterar este equilibrio y dar lugar a infecciones que se manifiestan con síntomas como sequedad, picor, secreciones o mal olor. Se estima que aproximadamente el 75 % de las mujeres experimenta por lo menos una infección de este tipo a lo largo de su vida y que más del 50 % repiten el episodio entre dos y cuatro veces en un año. Cada vez más los ginecólogos contemplan a los probióticos como una opción para aliviar estos problemas, siempre, eso sí, como complemento al tratamiento farmacológico que habitualmente se prescribe para estas afecciones.

Propiedades antiinflamatorias

Según los resultados de un estudio llevado a cabo en la Universidad de California en Los Ángeles (UCLA), en Estados Unidos, los probióticos tienen un efecto antiinflamatorio que puede ser muy útil para abordar diferentes enfermedades, como los linfomas o la obesidad.

Ayuda en el tratamiento oncológico

Una investigación realizada por los especialistas del MD Anderson Cancer Center Madrid, el MD Anderson Cancer Center Houston y el Instituto de Investigaciones Biológicas Alberto Sols, de la Universidad Autónoma de Madrid, ha demostrado que los probióticos podrían ayudar a mejorar la respuesta al tratamiento de los pacientes oncológicos y, por tanto, la evolución de la enfermedad. En la investigación se analizó la evolución de pacientes con melanoma, cáncer de pulmón o cáncer de ovario en diferentes estadios, a los que se estaba tratando con terapias biológicas, con el objetivo de determinar qué alteraciones específicas se producen en la flora intestinal y si ello tiene que ver con su estado nutricional. Paralelamente, estos especialistas tienen en marcha otra línea de investigación complementaria dirigida a determinar qué tipo de probióticos serían más eficaces y se podrían indicar a cada paciente para regularizar o normalizar la flora intestinal, lo que se traduciría en una mejor respuesta al tratamiento.

FERMENTADOS

Básicamente, la fermentación es un proceso natural por el que los hidratos de carbono se convierten en alcoholes, dióxido de carbono o ácidos orgánicos debido a la acción de bacterias, de levaduras o de ambas. Este proceso permite que los alimentos sean más digeribles mediante una doble acción: por un lado, al eliminar o reducir sustancias antinutrientes y, por otro, al favorecer la producción de enzimas que facilitan la digestión. Pero además durante la fermentación, como veremos en los capítulos siguientes, se produce el desarrollo o crecimiento de microorganismos y otras sustancias, como determinados ácidos (láctico, cítrico, glucónico), que aseguran el buen estado de la flora intestinal.

Aunque sus propiedades y beneficios han salido a la palestra en los últimos tiempos, lo cierto es que los fermentados han estado presentes en la alimentación prácticamente a lo largo de toda la historia de la Humanidad. Así, por ejemplo, gracias a las técnicas de fermentación era posible para nuestros ancestros conservar en perfecto estado las piezas cazadas y los alimentos recolectados. Y es que la fermentación ha existido durante miles de años y se ha utilizado con muchos propósitos, pero ha sido en los últimos años cuando se ha producido un resurgimiento de esta técnica debido en gran medida a la abundancia de evidencias científicas sobre sus propiedades beneficiosas para la salud, hasta el punto de que actualmente hay coincidencia por parte de los expertos en que incluir alimentos fermentados, como la kombucha, en la dieta habitual dentro de un patrón de alimentación saludable puede mejorar notablemente el estado de la microbiota intestinal y, con ello, aliviar muchos problemas derivados de una disbiosis.

PARA NO OLVIDAR

Microbiota: conjunto de microorganismos (bacterias, hongos, virus, parásitos...) que residen en nuestro cuerpo, sobre todo en el intestino.
Microbioma: es la población total de microorganismos con sus genes y metabolitos, que colonizan el

cuerpo humano, incluyendo el tracto gastrointestinal, el genitourinario, la cavidad oral, la nasofaringe, el tracto respiratorio y la piel.

Probióticos: no son fármacos, sino que se trata de sustancias y suplementos nutricionales que pueden ayudar a curar una enfermedad o prevenir su desarrollo estimulando determinadas funciones del organismo.

Prebióticos: son microorganismos vivos que cuando se suministran en cantidades adecuadas, promueven beneficios en la salud del organismo huésped.

BENEFICIOS DE LA KOMBUCHA

Hay que recordar que actualmente no se dispone de evidencias científicas contundentes sobre las propiedades de la kombucha como tal, pues el diseño de los estudios que han analizado este nutriente, la muestra de participantes, los animales escogidos o la parcialidad de las conclusiones no se pueden comparar a las investigaciones que sí se han efectuado, por ejemplo, con otros fermentados como el yogur o el kéfir. Sin embargo, sí se ha llegado a conclusiones importantes gracias a estudios aislados, y, sobre todo, como hemos visto en el capítulo anterior, hay mucha evidencia científica, publicada y contrastada, sobre los efectos positivos de los diferentes componentes de esta bebida. Desde principios del siglo pasado, investigadores de todo el mundo han llevado a cabo estudios tanto sobre el hongo o *scoby* como sobre el té de kombucha ya fermentado, con amplios análisis de sus componentes y propiedades. Se han recopilado aquí todas las investigaciones analizadas en la primera edición de este libro, complementadas con las que se han ido desarrollando posteriormente hasta el día de hoy.

Las evidencias más interesantes en este sentido son las que han arrojado un par de estudios que han reunido los resultados de los hallazgos más recientes sobre los efectos que la kombucha tiene para la salud. Uno de ellos, que tal vez sea la investigación más importante llevada a cabo hasta el momento sobre las propiedades de esta bebida, fue el realizado en el 2014 por Ilmara Vina y sus colegas del Instituto de Microbiología y Biotecnología de la Universidad de Letonia. El estudio, titulado «Current Evidence on Physiological Activity and Expected Health Effects of Kombucha Fermented Beverage» [«Evidencia actual sobre la actividad fisiológica y perspectivas sobre los efectos sobre la salud de la bebida fermentada kombucha»], fue publicado en el *Journal of Medicinal Food*, y sus autores llegaron a la conclusión de que «el té de kombucha tiene cuatro de las principales propiedades necesarias para numerosas actividades biológicas: un efecto desintoxicante, protección frente al daño producido por la acción de los radicales libres (antioxidante), capacidad energizante y desarrollo de la inmunidad».

La otra investigación, «A Review on Kombucha Tea –Microbiology, Composition, Fermentation, Beneficial Effects, Toxicity, and Tea Fungus» [«Una revisión sobre el té kombucha: microbiología, composición, fermentación, efectos beneficiosos, toxicidad y hongos de té»], publicada en *Comprenhensive Reviews in Food Science and Food Safety* en el 2014, estuvo liderada por Rasu Jayabalan, del Departamento de Ciencias de la Salud del Instituto Nacional de Tecnología de Rourkela (India) y Radomir V. Malbasa, de la Facultad de Tecnología de la Universidad de Novi Sad (Serbia), dos expertos en la investigación de la kombucha, y puso de manifiesto hasta qué punto los hallazgos que algunos expertos habían constatado años antes (incluyendo algunos considerados «anecdóticos») están demostrando tener una base sólida a la luz de las investigaciones actuales.

Sin duda, ambas iniciativas han supuesto un importante paso adelante en el conocimiento de la kombucha y dan pie a pensar que a medida que se lleven a cabo más investigaciones, toda esa evidencia aislada y, en cierta medida, casual que se ha estado acumulando ya no solo desde principios del siglo XX sino también desde hace milenios va a contar cada vez más con el apoyo de nuevos descubrimientos científicos.

A continuación, se describen y analizan los resultados de todas esas investigaciones «de ayer y hoy» que se han llevado a cabo sobre la eficacia de la kombucha para el alivio y tratamiento de una amplia variedad de patologías.

Salud digestiva

Buena parte de los efectos positivos de la kombucha sobre el aparato digestivo residen en los ácidos presentes en esta bebida. Entre ellos destacan el ácido butírico, que ha demostrado un doble papel beneficioso (y simultáneo): por un lado, favorece la adecuada absorción de nutrientes por parte de las células sanas del intestino y, por otro, detecta y destruye las células malignas que dan lugar al cáncer de colon y reduce la inflamación. Pero tal vez el efecto más interesante en este sentido es el que se relaciona, como ya hemos visto, con sus propiedades probióticas y los efectos positivos de estas en la microbiota.

Precisamente la mejora de todo lo relacionado con la digestión es uno de los principales efectos beneficiosos que suelen manifestar las personas que empiezan a consumir kombucha: para algunas, esto se traduce en una mejoría de los problemas de estreñimiento; otras, por el contrario, encuentran alivio a la diarrea; y son muchas las que informan de efectos favorables en los casos de síndrome del intestino irritable, problemas de malabsorción, reflujo e incluso úlceras. Estos efectos se relacionan con las propiedades antimicrobianas que se han estudiado en la kombucha y que demuestran su importante papel frente a la bacteria *H. pylori*, implicada en la aparición de la úlcera gastroduodenal.

En este sentido, según un estudio realizado por Debashish Banerjee, del Centro de Trasplantes de la

Universidad de Gotemburgo (Suecia), la kombucha podría ser tan efectiva como el omeprazol (el fármaco más empleado para tratar la úlcera gastroduodenal) a la hora de aliviar los síntomas y reducir el reflujo gastroesofágico. Esto puede deberse a la habilidad de esta bebida para reducir las secreciones gástricas ácidas y también a sus elevados niveles antioxidantes; en este sentido es más efectiva la kombucha elaborada con té negro.

Por otro lado, Abigail Hickey, dietista de la Universidad de Auburn, en Alabama (Estados Unidos), recomienda especialmente el consumo de kombucha en los casos de intolerancia a la lactosa, ya que se trata de una fuente de probióticos muy fácil de digerir por aquellas personas que carecen de la enzima que permite tolerar los lácteos.

Asimismo, el doctor Jeffrey Gates, experto en las propiedades medicinales de los alimentos de la Universidad de Cornell (Estados Unidos) concluyó, tras analizar durante mucho tiempo las propiedades de la kombucha, que estas son especialmente significativas en lo que se refiere a la vía intestinal, ya que su contenido en ciertos ácidos podría optimizar la absorción de la vitamina C y las del grupo B por parte del organismo.

Sistema inmunitario

Los efectos antimicrobianos de la kombucha se suelen atribuir a sus niveles bajos de pH, que causa estragos en los microorganismos patógenos, como *Bacillus cereus*, *Eschericia coli*, *Helicobacter pylori*, *Listeria monocyto-genes*, *Micrococcus luteus*, *Pseudomonas aeruginosa*, *Salmonella typhimurium*, *Staphylococcus aureus*, *Staphylococcus epi-dermidis* y las especies *Candida*.

Los ácidos glucónico y acético presentes en la kombucha atacan específicamente a estos microorganismos alterando sus membranas celulares, inhibiendo sus acciones metabólicas, cambiando el pH de las células patogénicas y creando un exceso de aniones tóxicos para terminar de «rematarlos». Otros ácidos como el benzoico y el itacónico también parecen jugar un papel en este aumento de la inmunidad del organismo, contribuyendo a las propiedades antiinfección de la kombucha.

Uno de los estudios documentados sobre las propiedades de la kombucha en general y sobre su acción protectora frente a determinados virus y bacterias nocivas en particular es el que llevó a cabo en 1952 el médico ruso K. M. Dubovskiy, del Instituto de Epidemiología de Kazajistán, quien extrajo del hongo una sustancia activa, a la que denominó medusomicetina. Tras analizarla, comprobó que tenía importantes propiedades contra la acción de tifus, paratifus A y B, disenteritis, difteritis y estafilococos. Cuatro años después, un compatriota suyo, el doctor N. M. Ovchinnikov, también estudió las propiedades de la kombucha, analizando los efectos de su ingesta en conejillos de Indias, y comprobó que se relacionaba con el retraso del desarrollo de la tuberculosis.

Durante la siguiente década, en 1964, el médico alemán R. Sklener, basándose en estos hallazgos, siguió investigando en esta línea y, como ya he indicado, introdujo la kombucha en la práctica médica habitual.

Estudios más recientes han arrojado nuevas evidencias sobre esta capacidad de potenciar la inmunidad, y actualmente se dispone de datos que sugieren que el consumo habitual de esta bebida nos «blinda» frente a la acción de determinados microorganismos patógenos, como el *Helicobacter pylori* (principal causante de la úlcera gastrointestinal) o la *Escherichia coli* (directamente implicada en la aparición de diarreas). En este sentido, el doctor Keith Steinkraus, microbiólogo de la Universidad de Cornell (Estados Unidos), experto en alimentos fermentados y con una amplia experiencia resultado de beber regularmente té de kombucha durante más de diez años, declaró en un reportaje publicado en el periódico *The New York Times* en 1994, en los albores del actual *boom* que vive esta bebida, que «el aporte antibiótico que proporciona este té fermentado es suficiente como para desalentar a cualquier tipo de bacteria, y su alto contenido en ácido lo hace muy resistente a la invasión de los microorganismos más nocivos», aunque hizo especial hincapié en que estas propiedades no son plenamente efectivas hasta que el té lleve cuatro o cinco días fermentado.

Por otro lado, su contenido en ácido acético hace que la kombucha tenga importantes propiedades antimicóticas, por lo que también protege de aquellas infecciones producidas por hongos. En este sentido, hay estudios que demuestran su eficacia frente a varias especies del hongo *Candida*, como la *Candida albicans*, principal responsable de las infecciones vaginales.

Eso sí, aquellas personas que presentan enfermedades en las que su sistema inmunitario está seriamente afectado siempre deben consumir tanto la kombucha como cualquier otro alimento fermentado con precaución y, por supuesto, con la supervisión de su médico.

Huesos y articulaciones

A principios del siglo XX el doctor Rudolf Kobert, farmacólogo y toxicólogo alemán y catedrático de Farmacología en la Universidad de Rosctock (Alemania), dedicó buena parte de su afán investigador a analizar las propiedades de la kombucha, y llegó a la conclusión de que se trataba de «una cura infalible para el reumatismo», además de constatar otros beneficios como el alivio de los trastornos gastrointestinales y de las hemorroides.

Asimismo, tanto los autores expertos en esta bebida como un grupo muy numeroso de personas que la consumen habitualmente destacan sus beneficios en los casos de artritis. La razón de este efecto parece estar en sus elevados niveles de glucosamina. Se trata de una sustancia que el organismo necesita para asegurar el buen estado de las articulaciones y que además promueve la producción de ácido hialurónico (nuestro cuerpo lo hace de forma natural, pero esta producción se ralentiza con la edad), el cual ayuda a preservar la estructura y la elasticidad de los cartílagos, reduciendo por tanto el dolor en las articulaciones.

Hígado, riñón y eliminación de toxinas

Un hígado sano es capaz de filtrar adecuadamente los residuos de tóxicos como los fármacos, el alcohol, los parásitos, etc., a través de la sangre. Además, este órgano es el encargado de limpiar el exceso de hormonas, bacterias, células «inoperativas» y otros restos biológicos. El riñón, por su parte, tiene la misión de filtrar la sangre y excretar toxinas procedentes del organismo a través de la orina.

Pues bien, el peculiar cóctel de enzimas, ácidos bacterianos y otras sustancias que se originan durante el proceso de fermentación de la kombucha tiene un efecto muy positivo cuando se trata de favorecer la eliminación de toxinas por parte del organismo. Así, algunos estudios realizados en este sentido apuntan a que los ácidos y enzimas presentes en el té actúan de forma similar a como lo hacen las sustancias químicas que nuestro organismo produce de forma natural para depurarse y desprenderse de sustancias tóxicas. Esta es la pista que han seguido investigaciones como la llevada a cabo por O. A. Gharib, bioquímico del Centro de Investigación en Radiación y Tecnología de El Cairo (Egipto), en el

2009, en la que se sometió a un grupo de ratas a la acción del tricloroetileno, un elemento muy común presente en la polución medioambiental que genera estrés oxidativo, altera las enzimas antioxidantes en el organismo y afecta al funcionamiento del hígado y el riñón. Los resultados demostraron que las ratas que habían consumido kombucha presentaban unos mejores indicadores (determinadas enzimas y sustancias en la sangre) de la salud renal y hepática. Estudios posteriores confirmaron estas evidencias, apuntaron a que la administración de la kombucha podía ayudar a estos roedores a reparar los efectos del daño que la enfermedad había producido en su hígado e indicaron que el consumo de esta bebida podría reducir hasta en un 70 % la toxicidad hepática.

Asimismo, según algunos autores especializados en esta bebida, los análisis de orina efectuados en una misma persona antes y después de comenzar a tomar la kombucha muestran un notable incremento de las toxinas excretadas. La mayoría de los expertos atribuyen este potente efecto *detox* a los antioxidantes y el ácido glucurónico. Hay evidencias de que este ácido se combina con las toxinas existentes en el organismo y las hacen solubles en el agua. Ello explica la necesidad, cuando se consume kombucha, de tomar agua suficiente para facilitar la eliminación de estas materias tóxicas, lo que evita al mismo tiempo la posibilidad de que se presenten problemas de deshidratación.

Efecto anticáncer

El posible papel que juega la kombucha en la prevención de los distintos tipos de cáncer es una de las cuestiones que arrojan más documentación a la hora de analizar sus propiedades saludables. Así, a lo largo de todo el siglo XX, varios especialistas la han incluido en sus protocolos para el tratamiento del cáncer basándose en sus efectos equilibrantes sistémicos. Entre ellos destacan la doctora Veronica Carstens (esposa del que fuera presidente de Alemania Karl Carstens y, por tanto, ex primera dama del país), quien recomendaba abiertamente la kombucha en un programa de televisión emitido en el país germano, *Mis remedios naturales contra el cáncer*. Según ella, «la kombucha desintoxica el organismo y potencia su acción metabólica, aumentando sensiblemente la capacidad defensiva del cuerpo».

Quizás nadie haya empleado la kombucha de un modo tan sistemático y prolongado en la lucha contra el cáncer como el ya citado doctor Rudolf Sklenar. Tras haber tenido conocimiento de esta bebida en Rusia, durante la II Guerra Mundial, puso a punto su «terapia biológica contra el cáncer», en la que el té de kombucha ocupaba el papel central y con la que hasta su muerte, ocurrida en 1987, realizó miles de tratamientos. El doctor Sklenar atribuía las cualidades anticancerígenas de la kombucha principalmente a su contenido en ácido glucurónico.

Sobre la acción antitumoral de este ácido investigó también el doctor Valentin Köhler, quien en 1961 recogió sus conclusiones sobre el uso terapéutico del ácido glucurónico en un artículo publicado en la revista *Medical Practice*, donde señalaba que este ácido tenía el efecto de producir un aumento de las defensas del organismo y, posiblemente, también la producción de interferón. Según él, la función desintoxicante del ácido glucurónico va de la mano de una mejora del estado general y un refuerzo del metabolismo oxidativo, el encargado de protegernos frente a la acción de los radicales libres. Concretamente respecto a su papel sobre las células y los tumores cancerosos, Köhler apuntó que aparentemente dicho ácido neutraliza más de doscientos tipos diferentes de sustancias nocivas, combinándose con ellas y, de este modo, facilitando su eliminación.

Curiosamente, Köhler estudió también las propiedades de este ácido en el tratamiento de los árboles enfermos, dentro de un programa de repoblación arbórea que se estaba llevando a cabo en ese momento, y comprobó su acción tanto para favorecer la eliminación de sustancias dañinas para las células vegetales, exógenas y endógenas, como en la protección de estas células frente a los agentes que podían impedir su correcto crecimiento y el refuerzo de su capacidad de reparación, algo que se podría extrapolar a las células humanas.

En Estados Unidos, entre los científicos que se han ocupado activamente de las cualidades anticancerígenas de la kombucha se encuentra el doctor Eduard Stadelmann, profesor de Patología y Fisiología Vegetal en la Universidad de Minnesota, quien estudió las cualidades terapéuticas de la kombucha durante más de cincuenta años y publicó diversos artículos en los que daba cuenta de esta potencial acción antitumoral.

Ya en este siglo, en el 2011, en un estudio realizado por el equipo de Rasu Jayabalan cuyos resultados se publicaron en el *Indian Journal of Biotechnology*, se fraccionó el té de kombucha con el objetivo de aislar sus componentes y comprobar los beneficios de estos en el cáncer en humanos. Esta investigación demostró que el mecanismo que explica las propiedades antitumorales de la kombucha puede ser su papel inhibidor de la metástasis (la extensión del cáncer de un órgano a otro), tal y como sugirió la presencia de dos sustancias, el dimetil malonato y la vitexina, ambas conocidas por su papel citotóxico y sus efectos antiinvasivos en las células cancerosas.

Un estudio más reciente, desarrollado en el 2013 por el equipo de la doctora Monia Deghrigue, bioquímica de la Universidad de Monastir (Túnez), encontró que mientras la kombucha elaborada con té negro era efectiva frente a uno o dos tipos de cáncer de pulmón, si se empleaba té verde para preparar la bebida, la efectividad era mayor. Aunque los investigadores no estaban seguros del porqué de estas propiedades antitumorales, todos las atribuían al efecto de los polifenoles y otros antioxidantes, aunque algunos apuntaban a que podían deberse a los metabolitos (alcohol, ácidos orgánicos, vitaminas, aminoácidos) producidos como resultado de la simbiosis entre las bacterias y las levaduras.

Asimismo, un estudio realizado en el 2015 por el bioquímico Eugene Aidoo, de la Universidad de Ghana, apuntó que el té de kombucha tendría más propiedades antioxidantes y fenólicas que el té no fermentado, y concluía que la naturaleza rica en antioxidantes de la kombucha puede «proteger a las células contra el daño oxidativo y, muy posiblemente, frente al cáncer».

Otros elementos contenidos en la kombucha a los que se han atribuido propiedades quimiopreventivas o antitumorales son el ácido butírico, el ácido oxálico, el 4-etilfenol, el ácido sacárico, la heparina, los antioxidantes y las catequinas. Ya he comentado que existen amplias evidencias de las reconocidas propiedades inhibidoras del cáncer de los polifenoles presentes en el té, y la efectividad de la kombucha en este sentido podría estar relacionada no solo con estos polifenoles sino también con otros elementos que aparecen durante el proceso de fermentación.

También se ha demostrado que tomar té de kombucha ayuda a acabar con el déficit de ácido L-láctico que suelen sufrir los pacientes de cáncer, ya que este ácido se produce durante la fermentación de la bebida.

Relacionado con este efecto anticáncer está el posible papel que puede jugar la kombucha en la mejora de los efectos secundarios asociados a los tratamientos de quimioterapia y radioterapia. Algunos estudios —anec-dóticos, eso sí— realizados en este sentido han demos-trado que los pacientes que beben kombucha mientras están recibiendo quimioterapia afirman sentir menos náuseas y experimentan una mejora en su apetito, aun-que todavía no se han llevado a cabo investigaciones de peso que confirmen estos efectos. Sin embargo, un par de estudios recientes han analizado de qué forma la kombucha podría ayudar a aliviar los efectos secunda-rios de la radioterapia. El primero lo efectuó en el 2010 Kultigin Cavusoglu, investigador de la Universidad de Giresun (Turquía), y consistió en inyectar células san-guíneas que contenían kombucha procedentes de per-sonas sanas y exponerlas después a altas dosis de radia-ción. Aquellas células que tenían mayores cantidades de kombucha demostraron niveles menores de daño en el ADN y una mayor capacidad de proliferación celular, lo que llevó al autor del estudio a la conclusión de que la kombucha había proporcionado un efecto fotopro-tector frente a la radiación ionizante y a señalar que a mayores dosis de kombucha, mayor es esa protección.

El segundo estudio corresponde al biólogo Nashwa K. Ibrahim, del Centro de Investigación en Radiación y Tecnología, de El Cairo (Egipto), quien realizó su inves-tigación en ratas a las que expuso a cloruro de cadmio (un carcinógeno) y a radiación gamma. Se comprobó que aquellos animales que seguían una dieta constante a base de té de kombucha mientras se les inyectaba el cloruro de cadmio o se los exponía a la radiación, o ambas cosas, absorbían unos niveles más bajos de toxinas que los que no tomaban el té, por lo que se dedujo que el consumo diario de kombucha podría limitar este tipo de efectos secundarios.

Asma y otros problemas respiratorios

En 1987, el médico y biólogo alemán Reinhold Wiesner publicó los resultados de una investigación sobre los efectos de la kombucha en doscientos cuarenta y seis pacientes que presentaban distintas enfermedades, entre ellas alteraciones renales, inflamación hepática, reumatismo, esclerosis múltiple y asma. Wiesner comparó las reacciones de aquellos a los que se les dio esta bebida frente a los que tomaban interferón para tratar estos problemas de salud. Los mejores resultados se obtuvieron en el caso de los asmáticos, en los que el número de pacientes que habían experimentado mejoría con la kombucha era superior a los del grupo del interferón (doscientos tres frente a ciento ochenta y tres), mientras que en las otras enfermedades las conclusiones no resultaron especialmente significativas.

En esta línea, estudios más recientes han confirmado que la kombucha preparada con té negro permite aumentar los niveles de teofilina, una sustancia con propiedades broncodilatadoras, en cantidades similares a la dosis que se emplea para tratar a los pacientes asmáticos. A ello hay que unir la acción de otras dos sustancias presentes en esta bebida, la cafeína y la heparina, que también pueden aliviar los síntomas del asma y de otros problemas respiratorios.

Diabetes

La primera investigación respecto al papel que puede jugar la kombucha en los casos de diabetes data de 1929, cuando el doctor E. Arauner, un especialista en esta bebida, la definió como «el remedio natural más efectivo contra la fatiga, la tensión nerviosa, los síntomas de envejecimiento, el endurecimiento de las arterias, los problemas intestinales, el reuma, las hemorroides y la diabetes».

Posteriormente, los estudios en animales han arrojado muchos datos que confirman las conclusiones de Arauner, sobre todo en lo que se refiere a la diabetes. Uno de ellos, llevado a cabo en el 2012 con ratas diabéticas, demostró que la kombucha ralentizaba la digestión de los hidratos de carbono, produciendo por tanto una reducción de los niveles de glucosa en sangre, lo que podría favorecer a los pacientes diabéticos. A los animales se les suministraron cantidades variables de kombucha durante un periodo de treinta días, y se encontraron no solo unos menores niveles de glucosa en sangre sino también una reducción del colesterol y unos niveles normales de toxicidad en el hígado y los riñones, en comparación con las ratas del grupo de control, que no habían consumido esta bebida.

Ya en humanos, otro estudio constató que las personas que consumen habitualmente té verde (una de las opciones para preparar la kombucha) tienen un riesgo un 18 % menor de desarrollar diabetes.

Salud cardiovascular

El elevado contenido en antioxidantes de la kombucha también tiene efectos muy beneficiosos sobre la salud cardiovascular, que se incrementan aún más en el caso de que la bebida se elabore utilizando té verde: hay evidencias que apuntan a que cuando se elige esta opción, las posibilidades de desarrollar una enfermedad cardiaca se pueden reducir hasta en un 31 %. Este efecto se debe principalmente a su acción sobre los niveles de colesterol LDL.

Este nexo que vincula a la kombucha con el colesterol no es reciente; muy al contrario, desde aproximadamente 1890 existe una amplia literatura científica al respecto. Así, por ejemplo, una serie de estudios llevados a cabo en Rusia en la década de 1950 demostraron la efectividad de esta bebida en el control del colesterol y de su efecto más directo, la arterioesclerosis. Uno de estos estudios analizó a un total de cincuenta y dos pacientes de arterioesclerosis que tenían unos niveles muy elevados de LDL en sangre, a los que se pautó el consumo habitual de kombucha. Los autores comprobaron que unas semanas después de iniciar este consumo, los niveles de colesterol de estos pacientes habían descendido notablemente, hasta ajustarse a los parámetros considerados como normales.

Numerosas investigaciones efectuadas con animales también han examinado la potencial eficacia de la kombucha en el control de los niveles de colesterol. Uno de los más significativos es el que realizó un equipo de investigadores encabezado por L. Adriani, de la Universidad de Padjadjaran (Indonesia), que comprobó que tras cuatro semanas añadiendo un 25 % de té de kombucha al agua que bebían los patos objeto de estudio, estos habían conseguido reducir los niveles de LDL mientras que aumentaban los de HDL. Según estos expertos, tales efectos positivos pueden atribuirse a la presencia de ácido glucurónico en la bebida.

En el 2012, en otro estudio, llevado a cabo con ratas y puesto en marcha por un equipo de bioquímicos de la Escuela Nacional de Ingeniería de Sfax (Túnez), se administró a un grupo de animales té negro sin fermentar y a otro grupo kombucha. Los de este último grupo no solo registraron unos niveles más bajos de colesterol sino también una importante pérdida de peso. Estos resultados están en línea con los de otra investigación, también en ratones, realizada un año antes y publicada en *Pharmaceutical Biology*, según la cual el consumo de kombucha en estos animales producía una reducción de un 52 % en las cifras de colesterol total y de hasta un 91 % en las de LDL, así como un aumento del 27 % en las de HDL.

Independientemente de que este efecto se deba a las propiedades antioxidantes o a la presencia de sustancias como el ácido glucurónico o el ácido cáprico, todos estos estudios demuestran que la kombucha puede ser un excelente aliado a la hora de mantener el colesterol en los niveles adecuados y contribuir por tanto a prevenir las enfermedades cardiovasculares, que suponen actualmente la primera causa de mortalidad en buena parte del mundo.

Esclerosis múltiple

En la década de los ochenta del pasado siglo, el médico alemán Reinhold Wiesner dirigió una investigación en la que participaron casi doscientos cincuenta pacientes y cuyos resultados revelaron que el consumo de kombucha aumentaba la producción de interferones, unas proteínas sintetizadas a partir de sustancias producidas por el propio organismo y que interfieren en la habilidad de los virus para atacar a las células, reforzando por tanto la respuesta inmune del organismo.

A esto hay que añadir que esta bebida contiene además cantidades importantes de tiamina (vitamina B_1), que juega un papel importante en la producción de la mielina, una sustancia grasa que recubre las fibras nerviosas y cuya degradación es la causa principal de la esclerosis múltiple. De hecho, y a nivel personal, el doctor Terry Wahls relató en un libro, *The Wahls Protocol*, el método que siguió para abordar esta enfermedad, de la que estaba afectado, en el que uno de los aspectos clave era la incorporación de la kombucha a la dieta diaria.

Control del peso corporal

La kombucha contiene alfa-hidroxiácidos naturales (como el málico y el láctico), similares a las versiones «sintéticas» que se emplean en algunos suplementos utilizados para favorecer la pérdida de peso o aumentar el rendimiento en la práctica deportiva. Respecto a esto, en un estudio realizado en el 2012 se comprobó la relación entre el consumo de kombucha y el efecto antilipidémico en ratas, lo que significa que esta bebida podría evitar una excesiva absorción de grasa por parte del organismo. En la misma línea, otra investigación puso de relieve el papel de la kombucha preparada con té verde en la prevención del aumento de peso y la facilidad de adelgazar en ratas diabéticas.

Por otro lado, y aunque sin aval científico contundente, muchos de los consumidores de kombucha aseguran que esta bebida les resulta muy efectiva para reducir los antojos de alimentos y frenar las ganas de comer compulsivamente, reduciendo así la ingesta calórica.

Alteraciones cutáneas

Ya en el siglo pasado Harald Tietze dio cuenta de numerosas curaciones de heridas ulceradas (se lograba la cicatrización en pocos días) mediante la aplicación de un trozo de cultivo de kombucha fijado con una venda sobre la lesión. También se sabe desde hace tiempo que los hongos, los eczemas, la psoriasis y otras enfermedades de la piel suelen responder rápida y favorablemente a la acción de la kombucha, tanto ingerida como aplicada externamente de forma tópica. De hecho, Pastor Kneipp, uno de los naturópatas más famosos en los países de habla germana, aconsejaba disolver medio litro de kombucha en el agua del baño, un método utilizado en las técnicas de hidroterapia aplicadas en algunos centros de salud y hospitales alemanes.

Las investigaciones posteriores han demostrado que las nanofibras de celulosa que contiene el *scoby* aumentan el nivel de hidratación de la piel y potencian las habilidades de autorregeneración cutánea, mientras que el pH bajo que tiene el té una vez fermentado ejerce un efecto suavizante en todos los tejidos corporales. Todo ello aporta importantes beneficios en la lucha contra problemas cutáneos como quemaduras y otras lesiones, eczemas (como los que caracterizan a la dermatitis atópica, una patología cada vez más prevalente, sobre todo en las sociedades más desarrolladas) o psoriasis, entre otros. En este sentido, el informe «Microbial Cellulose, the Natural Power to Heal Wounds», publicado en el 2006 por expertos de la Universidad de Texas (Estados Unidos), demostró que el *scoby* u otra fuente similar (en forma de lámina fina) de un cultivo en el que esté presente la bacteria *Acetobacter* se pueden utilizar como una excelente cobertura estéril para favorecer la cicatrización de heridas y tratar la inflamación.

Asimismo, en el 2013, una recopilación de los estudios más concluyentes sobre las utilidades médicas presentes y futuras de la aplicación de tratamientos a base de celulosa bacteriana, como la presente en el *scoby*, confirmó todos estos beneficios a nivel cutáneo.

Ante estas evidencias no es de extrañar que los tratamientos de belleza basados en la aplicación de mascarillas de celulosa bacteriana cuenten cada vez con más adeptos en zonas como Asia y América Latina. También hay disponibles gamas cada vez más amplias de productos cosméticos elaborados a base de kombucha o que contienen el *scoby* entre sus ingredientes.

Prevención de determinadas infecciones

Además de potenciar y reforzar de forma significativa el sistema inmunitario, la kombucha tiene el plus de ejercer una acción muy efectiva respecto a infecciones producidas por determinadas bacterias y levaduras. El caso más significativo es el de las que tienen su origen en la *Candida albicans*, una «habitante» habitual del intestino humano que a niveles bajos no supone ninguna amenaza para la salud. Pero cuando se produce una situación de disbiosis en la microbiota, puede sufrirse una sobreproducción tanto de esta bacteria como de otros microorganismos habitualmente inofensivos (o que se encuentran a niveles muy bajos), que normalmente da lugar a infecciones.

Se sabe que la kombucha crea ácidos específicos saludables, conocidos como *cándida*-ácidos, y otras sustancias como las catequinas las cuales, tal y como se desprende del estudio «Antimicrobial Effect of Kombucha Analogues», proporcionan a la kombucha una potente actividad antimicrobiana frente a seis o siete cepas de la especie *Candida*. Asimismo, en estudios en los que se analizó el papel antibacteriano de esta bebida fermentada con té negro, con melisa y con menta, se demostró que las tres opciones eran efectivas frente a las cepas de *Candida*, aunque destacó por encima de ellas la especial efectividad de la kombucha fermentada con melisa.

Otros posibles beneficios

Además del gran número de beneficios atribuidos a la kombucha que hemos visto, aún se pueden citar algunos más:

- En un escrito de 1918, el profesor Paul Lindner se refirió a la efectividad de la kombucha para el tratamiento de las hemorroides, citando como ejemplo la curación del entonces secretario de Correos de Berlín-Charlottenburg (un individuo apellidado Wagner), un efecto al que también haría alusión años más tarde otro experto en el tema, el doctor Arauner.
- Los doctores Wilhelm Hennenberg, Maxim Bing y H. Waldeck, todos ellos estudiosos de

esta bebida, recomendaron encarecidamente su uso como remedio contra el estreñimiento crónico, valorando el hecho de que su efecto no tiene nada que ver con la agresividad de los laxantes habituales pues, según ellos, ayuda al intestino a efectuar normalmente la eliminación de los desechos de una manera equilibrada y natural, sin generar diarrea ni otros efectos indeseables.

• Los trabajos realizados en Praga (República Checa) por el doctor Hermann, en su intento por confirmar la acción de la kombucha sobre las piedras en la vesícula, mostraron resultados positivos. Concretamente, su investigación se centró en los conejos: constató que las piedras en la vesícula de los machos fueron eliminadas poco después de haberles administrado tres veces cada día kombucha a estos animales. Además, desde el primer día la orina de los conejos presentó un notable incremento de calcio y de diversos fosfatos. Este efecto puede atribuirse al ácido glucónico, el cual, en análisis realizados *in vitro*, demostró su capacidad para disolver con facilidad la mayoría de los cálculos vesiculares.

PARA NO OLVIDAR

La que hasta ahora puede considerarse la investigación más importante sobre los efectos concretos que la kombucha tiene para la salud confirma su eficacia en cuatro aspectos concretos:

- Ayuda a la eliminación de toxinas por parte del organismo.
- Es una excelente fuente de antioxidantes, con todos los beneficios que ello supone para la salud.
- Aumenta los niveles de energía.
- Refuerza la inmunidad.

EFECTOS SECUNDARIOS Y CONTRAINDICACIONES

Aunque organismos como la Administración de Alimentos y Medicamentos estadounidense (FDA) han informado de que no les consta haber recibido ningún informe sobre posibles reacciones adversas derivadas del consumo del té de kombucha, los expertos, las autoridades y las entidades sanitarias hacen siempre especial hincapié en la importancia de la vigilancia de la higiene en su cultivo y previenen respecto al riesgo de las contaminaciones cruzadas.

No hay que olvidar que el cultivo a partir del que se obtiene la kombucha (y, en cierto modo, también el té resultante) es un organismo vivo, de ahí que si no se siguen las pautas y recomendaciones al pie de la letra (sobre todo en lo referente a la higiene y a las condiciones ambientales en las que se lleva a cabo la fermentación) exista el riesgo de que la mezcla se contamine por la acción de hongos y bacterias perjudiciales para la salud. En este sentido, es muy importante que se den las condiciones de acidez (algo que se puede comprobar fácilmente con un medidor de pH) y grado alcohólico adecuados para poder consumirlo con total seguridad.

Por otro lado, Abigail Hickey, dietista de la Universidad de Auburn, en Alabama (Estados Unidos), comenta que el consumo de kombucha está contraindicado durante el embarazo y la lactancia (debido principalmente a su contenido en alcohol) y también en aquellas personas con un sistema inmunitario deprimido (como es el caso de los pacientes con VIH o sida). Esta experta también recomienda consultar al médico sobre la conveniencia de su ingesta en aquellos casos en los que exista un déficit de hierro, ya que puede disminuir la cantidad de este mineral que es absorbida por el organismo.

Asimismo, los expertos en el tema insisten en la importancia de comprobar que el cultivo no haya sido contaminado por microorganismos nocivos, como el moho *Aspergillus*, que genera unas sustancias, las aflatoxinas hepatotóxicas, que pueden causar problemas a los enfermos hepáticos y renales.

APLICACIONES DE LA KOMBUCHA
EN LA MEDICINA VETERINARIA

Los efectos de la kombucha sobre los animales mamíferos son tan notables o más que los que produce en el ser humano. Así, por ejemplo, su potencial para combatir la diarrea en los perros ha sido objeto de varios experimentos, que han demostrado una efectividad del 100 %.

Por su parte, Harald Tietze, autor de *Kombucha. The Miracle Fungus*, relata que uno de sus visitantes, tras hacerle múltiples preguntas sobre la kombucha, le manifestó que producía diariamente una cantidad superior a los quince litros, que se la estaba dando a sus caballos de carreras y que había observado una notable mejoría en su rendimiento.

De la misma manera, los testimonios sobre la efectividad de la kombucha para curar las úlceras y los problemas de la piel de perros y gatos son muy abundantes.

Hay que tener en cuenta que debido a su sabor ácido resulta muy difícil conseguir que los animales la beban directamente. Para lograrlo, se pueden diluir entre quince y veinte gotas, cantidad suficiente para un gato o un perro pequeño, en su recipiente de agua. Una buena estrategia es usar un vaporizador y mojar con él la cara del animal, el cual, al lamerse, ingerirá el té sin darse cuenta. Otros expertos recomiendan como opción darle un trozo de cultivo cada mañana; aunque el líquido no es una bebida que le resulte agradable a las mascotas, en el caso del hongo algunos aseguran que lo suelen comer con deleite. Hay evidencias de que tras consumir trozos de kombucha, la piel y el pelo de perros y gatos mejoran con rapidez y recobran muy pronto su brillo y su aspecto saludable. En cualquier caso, siempre es aconsejable consultar al veterinario antes de administrarle kombucha a una mascota.

EN DEFINITIVA...

Hay que tener en cuenta que la kombucha no cura todas las patologías ni los problemas de salud y nunca se puede emplear en sustitución de los tratamientos prescritos por el médico. Su consumo debe encuadrarse en el contexto de un estilo de vida saludable, teniendo claro que se trata de un complemento alimenticio que tiene propiedades beneficiosas para el bienestar en general y para el alivio de determinados problemas de salud en particular, derivados de los ingredientes a partir de los que se elabora, pero que no es una «pócima milagrosa».

Como hemos visto, la kombucha posee una eficaz acción desintoxicante que refuerza nuestro sistema inmunitario y le devuelve su equilibrio cuando este se ha perdido a consecuencia de alguna enfermedad (infecciones, principalmente) o como resultado de un estilo de vida inadecuado.

Asimismo, las investigaciones han demostrado que los ácidos, vitaminas, enzimas, minerales y otras sustancias que aporta pueden aliviar muchos síntomas, aunque no hay que perder de vista que muchos de estos componentes están presentes en la bebida solo en muy pequeña cantidad (apenas trazas).

Capítulo 5

CÓMO PREPARAR EL TÉ DE KOMBUCHA: EL PROCESO, PASO A PASO

Disfrutar de los beneficios de la kombucha es fácil, muy fácil. Tan solo hay que disponer de los ingredientes y los utensilios necesarios y seguir los pasos de la receta base al pie de la letra. El «factor hongo madre», o, lo que es lo mismo, el cultivo o conjunto de bacterias o levaduras a partir del cual se fermenta la bebida, es tal vez el aspecto que genera más reticencias a la hora de animarse a elaborarla en casa, pero como veremos, la posibilidad de adquirir este cultivo, en forma de *scoby*, está al alcance de cualquiera: basta con buscar en Internet o preguntar en tiendas de productos naturales. Hay que tener en cuenta que el *scoby* es para siempre; esto significa que el mismo hongo que se adquiere para elaborar kombucha por primera vez puede utilizarse de forma prácticamente indefinida.

KOMBUCHA CASERA FRENTE A
KOMBUCHA COMERCIAL

Hasta hace relativamente poco tiempo solo era posible obtener kombucha y disfrutar de sus propiedades si se elaboraba en casa, de forma artesanal. En la actualidad existe la posibilidad de encontrarla ya preparada, producida de manera industrial y comercializada en forma de bebida ya fermentada que se puede adquirir en cada vez más establecimientos: desde tiendas especializadas en nutrición y herboristerías hasta supermercados y grandes superficies. La cuestión es: ¿es igual la kombucha comercial, lista para tomar, que la que procede del cultivo casero?

La respuesta es: no. Aunque las kombuchas industriales cumplen todos los requisitos exigidos desde el punto de vista alimentario, con lo que no suponen ningún riesgo para la salud, no aporta la misma cantidad de probióticos, que son su principal valor, y pasan a ser una bebida refrescante, alcohólica y azucarada, sin más.

Tan solo aquellas kombuchas comercializadas sin pasteurizar aseguran la misma cantidad de probióticos y demás nutrientes que las elaboradas de forma artesanal.

La mayoría de los expertos coinciden en que la producción de kombucha de forma industrial da como resultado una bebida menos potente desde el punto de vista de sus propiedades que la que se obtiene a partir de un cultivo tradicional. Además, hay una serie de cuestiones que se deben tener en cuenta cuando se trata de la kombucha industrial. Una de ellas es el control de sus niveles de alcohol, que en la kombucha casera se presentan de forma natural y, además, son muy bajos (no superan el 0,5 %). Pero a pesar de que esos niveles no son tóxicos, en países como Estados Unidos, en los que la legislación al respecto es muy estricta, el control sobre este contenido alcohólico llevó a la retirada en el 2010 de todas las versiones de kombucha sin pasteurizar (en las que el índice de alcohol podía ser más alto del permitido) para asegurar que seguía encuadrándose dentro de la categoría oficial de «bebida no alcohólica». Esto empujó a los productores a reformular el producto y decantarse por versiones que mantienen de forma artificial el bajo contenido alcohólico; algunas marcas incorporaron probióticos cultivados en el laboratorio, mientras que otras alteraron los procesos de fermentación en sí mismos. Cualquiera que sea la modificación introducida respecto a la receta artesanal, no se puede asegurar totalmente que el producto embotellado proporcione exactamente el mismo aporte nutricional ni produzca los mismos efectos beneficiosos que el líquido procedente del cultivo «puro», esto es, el que se prepara en casa.

Es cierto que en algunos casos se puede iniciar el proceso de elaboración de esta bebida a partir del líquido procedente de la kombucha «industrial», y tal vez se llegue a desarrollar un cultivo —hongo— a partir del cual se realicen nuevos cultivos, pero los expertos advierten de que, por lo general, los tés que se obtienen de esta forma suelen tener un sabor más débil y es probable que no proporcionen los mismos beneficios nutricionales que la kombucha «verdadera». Para entendernos, se trataría de la misma diferencia que existe entre el yogur comercial y el que se elabora artesanalmente.

De todas formas, la decisión final depende de cada persona. Los que no se atrevan a adentrarse en el mundo de los fermentados elaborando la kombucha en casa pueden tomar contacto con esta bebida a través de las versiones comerciales. Y los que se animen a cultivar la kombucha en sus domicilios, deben hacerlo siguiendo escrupulosamente dos premisas: respetar la receta y los pasos que se han de seguir y, sobre todo, extremar las medidas de higiene, tanto en la preparación como en la fermentación y recolección.

KOMBUCHA: RECETA BASE

La receta para preparar la kombucha varía ligeramente de unos autores a otros. Ni los ingredientes ni las cantidades necesarias son algo férrea y unánimemente aceptado. En general, cada uno habla de su propia experiencia, que está mediatizada por sus gustos y necesidades particulares. La receta de kombucha que se ofrece a continuación es la estándar (se ajusta a dos litros de bebida). Sobre ella se pueden variar las cantidades de los ingredientes, siempre que se mantengan aproximadamente las proporciones.

Antes de ponerse manos a la obra, es necesario tener listos todos los ingredientes y utensilios que se van a necesitar:

- Un cultivo de kombucha (hongo madre o disco *scoby*).
- Líquido de inicio o té kombucha ya fermentado (250 ml, aproximadamente).
- 2 l de agua.
- Cuatro bolsas de té o cuatro cucharaditas de té a granel (dos por cada litro de agua).
- 100 gr de azúcar blanco.
- Una olla grande de acero inoxidable.
- Un recipiente de cristal con una capacidad mínima de dos litros.
- Una cuchara de madera.
- Un colador no metálico.
- Un trozo de tela o papel de cocina con varios dobleces.
- Una goma para sujetar la tela o el papel.

Preparación
- Poner el agua en la olla y llevar hasta el punto de ebullición.
- Apagar el fuego e introducir las bolsas de té. Si se usan hojas sueltas, espolvorearlas por el agua.

- Dejar reposar el té entre cinco y diez minutos (el tiempo depende del tipo de té y de la fuerza o intensidad deseadas).
- Retirar las bolsas de té y exprimir el exceso de agua, o colarlo si se han utilizado hojas sueltas.
- Añadir el azúcar (el té debe estar muy caliente) y disolverla muy bien con la ayuda de la cuchara de madera.
- Dejar que la mezcla se enfríe a temperatura ambiente (nunca hay que incorporar el cultivo a un líquido caliente, ya que podría afectar a los microorganismos que contiene).
- Añadir el cultivo (hongo o disco *scoby*) y el líquido de inicio (esto es, el que acompaña al *scoby* o 250 ml de té de kombucha previamente fermentado).
- Colar la mezcla en el recipiente de cristal y cubrir con la tela o el papel de cocina, sujetándolo con una goma.
- Depositar el recipiente en un lugar seco, a temperatura ambiente y bien ventilado, que no sea totalmente oscuro pero que tampoco reciba directamente los rayos del sol.
- Esperar como mínimo siete días, sin moverlo del sitio, hasta que termine el proceso de fermentación.

Tiempos, cantidades y ajustes a medida

Siempre es recomendable utilizar un recipiente que sea ligeramente más grande que la cantidad deseada de kombucha. Si se quiere preparar menos té, no hay problema en emplear un recipiente grande, ya que no afecta a la fermentación. La cantidad final de bebida obtenida es muy similar a la del sustrato (el té azucarado), ya que aunque se le añaden el *scoby* y el líquido inicial, lo normal es que durante el proceso de fermentación se evapore un poco de líquido. Estas son las medidas y cantidades aproximadas en función de la cantidad de té de kombucha que se quiera obtener:

Tamaño del recipiente	Medio litro
Cantidad de té azucarado	6 tazas (750 ml)
Bolsas o cucharadas de té	2-3 bolsas/1 cucharada
Azúcar	6 cucharadas
Scoby	Uno pequeño
Líquido de inicio	75-125 ml
Tiempo aproximado de fermentación	3-7 días

Tamaño del recipiente	Un litro
Cantidad de té azucarado	¾ l
Bolsas o cucharadas de té	3-5 bolsas/1-2 cucharadas
Azúcar	90 g
Scoby	Uno grande

Líquido de inicio	125 ml
Tiempo aproximado de fermentación	7-14 días

Tamaño del recipiente	Litro y medio
Cantidad de té azucarado	1 l
Bolsas o cucharadas de té	4-6 bolsas/1-2 cucharadas
Azúcar	120 g
Scoby	Uno grande
Líquido de inicio	125-200 ml
Tiempo aproximado de fermentación	7-21 días

Tamaño del recipiente	Dos litros
Cantidad de té azucarado	1,5 l
Bolsas o cucharadas de té	6-9 bolsas/3-2 cucharadas
Azúcar	150 g
Scoby	Dos grandes
Líquido de inicio	250 ml
Tiempo aproximado de fermentación	10-24 días

Tamaño del recipiente	Cinco litros
Cantidad de té azucarado	4 l
Bolsas o cucharadas de té	16-24 bolsas/5-8 cucharadas
Azúcar	500 g
Scoby	Cuatro grandes

Líquido de inicio	500 ml-1 l
Tiempo aproximado de fermentación	18-42 días

LOS INGREDIENTES, UNO A UNO

El *scoby* u hongo madre: la «madre» de todo el proceso

Para obtener cualquier alimento fermentado se necesita una materia o cultivo base, formado principalmente por microorganismos. Ya hemos visto que en el caso de la kombucha, aunque se la denomina coloquialmente «hongo», esta materia no es tal, sino que se trata de una masa gelatinosa compuesta por bacterias y levaduras. Tradicionalmente, este hongo se obtenía generalmente gracias a la generosidad de los cultivadores habituales de kombucha, pero en la actualidad cualquiera puede ponerse manos a la obra adquiriendo un *scoby* o cultivo «listo para preparar».

¿Qué es exactamente el *scoby*? Se trata de la «versión moderna» del hongo madre tradicional y, como él, es un cultivo activo. Su nombre procede del acrónimo inglés *Symbiotic Culture of Bacteria and Yeast*, que se traduce como «cultivo simbiótico de bacterias y levaduras».

Se puede decir que el *scoby* es la nave nodriza de millones de microorganismos, unidos entre sí por nanofibras de celulosa y todos ellos trabajando codo con codo en el proceso de fermentación de la kombucha.

Su aspecto es el de un disco gelatinoso, de color blanco-beige. A pesar de su aparente fragilidad, es muy resistente y manejable, pero no hay que perder de vista que las bacterias y levaduras que contiene interactúan formando un cultivo y que, si no se reúnen las condiciones necesarias de manipulación y conserva, se puede afectar al proceso de fermentación y alterar el resultado final, de ahí la importancia de «mimarlo», utilizarlo y almacenarlo adecuadamente (todos los *scobys* traen adjuntas unas instrucciones en este sentido).

Pero conozcamos mejor al *scoby*. Aunque todos los microorganismos presentes en él juegan un papel importante en la obtención de la kombucha, hay una bacteria digamos «principal», la *Acetobacter xylinum*, que es la que produce las mayores cantidades de celulosa y también la responsable de muchas de las transformaciones que se producen durante la fermentación (entre ellas, el sabor ácido del líquido final).

Las bacterias y las levaduras del *scoby* dependen unas de otras, de tal forma que los subproductos de la fermentación de la levadura alimentan a las bacterias y los subproductos de la fermentación de las bacterias alimentan a las levaduras. Es como si el *scoby* fuera un edificio de apartamentos en el que las levaduras viven en unas plantas y las bacterias en otras. Ambas contribuyen a crear una malla (estructura) de celulosa que, entre otras funciones, tiene la de proteger al té fermentado — la fuente de la que se alimenta— contra la infiltración de microorganismos nocivos. También reduce la evaporación del líquido y favorece la carbonatación (burbujas) que la bebida va adquiriendo de forma natural a medida que avanza la fermentación.

Por otro lado, esta simbiosis entre bacterias y levaduras tiene también mucho que ver en las propiedades antibacterianas, antivirales y de otro tipo que se atribuyen al té de kombucha.

Teniendo en cuenta este gran trabajo «multidisciplinar» que se realiza desde el *scoby*, es muy importante, como ya he apuntado, manejarlo y conservarlo adecuadamente.

Por ejemplo, un error común es, una vez acabada la fermentación, guardarlo en la nevera de la misma manera que se hace con el té obtenido. En temperaturas frías, las bacterias y levaduras que mantienen al *scoby* en buen estado y protegen el cultivo se vuelven inactivas y, cuando vuelven a entrar en acción (esto es, al hacer una nueva fermentación), pierden parte de su capacidad para plantar cara a los mohos y demás microorganismos perjudiciales. Si se utiliza un *scoby* que se ha guardado en la nevera, puede que el primer o segundo cultivo salgan bien, pero el resultado es una bebida más débil y, además, aumentan las probabilidades de que el cultivo se infecte.

Y lo mismo ocurre con los *scobys* deshidratados (los que se conservan secos, sin líquido): tanto las bacterias como las levaduras pierden fuerza frente a los mohos cuando se vuelven a utilizar.

Más adelante ahondaremos sobre cuál es la mejor forma de guardar y conservar el *scoby* una vez utilizado.

El líquido de inicio

Aunque el *scoby* es el protagonista principal de todo el proceso, siempre necesita de un «actor secundario»; por eso, cada vez que se prepara una nueva kombucha, tiene que ir acompañado de una pequeña cantidad de té ya fermentado. A esto se llama té o líquido de inicio y, junto con el hongo o *scoby*, aporta las bacterias y levaduras necesarias para que el fermento funcione correctamente.

Pero ¿qué ocurre cuando nos iniciamos en el mundo de la kombucha y la preparamos por primera vez? Hay dos opciones para obtener el líquido de inicio en este primer cultivo: si se trata de un hongo madre procedente de una kombucha fermentada por otra persona, hay que asegurarse de que vaya acompañada por un poco de líquido. En caso de que se vaya a utilizar un *scoby* comprado, no hay problema, ya que siempre se incluye este líquido. En ambos casos, el líquido inicial debe incorporarse a la infusión de té azucarado junto al hongo.

Este líquido tiene mucha más importancia de lo que podría parecer a simple vista, ya que trabaja en estrecha colaboración con el *scoby*. En el caso del líquido de inicio procedente de un cultivo anterior, lo ideal es reservar una cantidad mínima equivalente al 15 % de la infusión, preferentemente que proceda de la parte superior (aunque esto no es determinante para la calidad del fermento). Es importante que este líquido sea de buena calidad, ya que ello proporciona muchos beneficios a la bebida final:

- **Reduce el nivel de pH del té.** La kombucha tiene un pH ácido en el rango de 2,5-2,6 a 3,5-4. Añadir líquido de inicio al té dulce de base, en un volumen mínimo del 15 %, protege a la nueva infusión de la invasión de microorganismos dañinos, como mohos y levaduras tóxicas, mientras que si el cultivo es privado del pH protector del líquido de inicio, el hongo se vuelve más vulnerable, sobre todo a la acción de estos microorganismos.
- **Actúa como inoculante y asegura el equilibrio de la simbiosis.** El líquido de inicio contiene billones de bacterias y levaduras que trabajan en equipo con sus «hermanas» presentes en el hongo o *scoby*. Esta sinergia favorece una fermentación rápida y exitosa.
- **Permite conservar adecuadamente el *scoby* una vez utilizado.** Se recomienda guardar siempre el *scoby* después de la fermentación en la cantidad de líquido equivalente a media taza (75 ml), para asegurar así que las bacterias y levaduras permanezcan activas.

PARA NO OLVIDAR

El tándem que forman el *scoby* y el líquido de inicio tiene unas «reglas de oro» que se deben respetar:

- Siempre hay que usar un hongo fresco y completo, acompañado de un líquido de inicio consistente.
- Debe emplearse el tamaño adecuado del *scoby* de partida: un *scoby* demasiado pequeño no puede fermentar ni un litro de té.
- Es imprescindible guardar adecuadamente el *scoby* una vez terminada la fermentación.
- Nunca se debe utilizar un *scoby* congelado, refrigerado o deshidratado, y tampoco prescindir del líquido de inicio.
- Tampoco se puede sustituir el líquido de inicio por otra sustancia no indicada (en caso de necesidad, y como «mal menor», se puede emplear un té dulce).

El agua

Aunque hay quien recomienda realizar esta bebida con agua destilada o purificada, se puede utilizar agua del grifo, siempre que sea de buena calidad. Eso sí, es importante comprobar que sus niveles de cloro no sean excesivamente altos, ya que su poder antibacteriano puede interferir en el proceso de fermentación. Ante la duda, y para ir sobre seguro, hay dos métodos muy sencillos que permiten preparar la kombucha sin «interferencias» por parte del cloro: evaporar y hervir el agua. El primero consiste en llenar un recipiente con agua y dejarlo sin tapar durante veinticuatro horas, tiempo suficiente para que el cloro, que es un gas, se evapore. El segundo método consiste en llevar al agua al punto de ebullición y dejarla hervir durante quince minutos. De esta forma, se consigue eliminar el cloro.

En cuanto al agua mineral procedente de algún manantial, puede parecer en principio una excelente opción para incrementar la calidad de la kombucha; sin embargo, este tipo de aguas, aunque muy saludables, suelen contener niveles elevados de determinados minerales que pueden interferir en el proceso de fermentación y alterar el sabor de la kombucha.

El té

En el «mundo kombucha» no hay nada absolutamente prohibido, y cuanto más se sabe sobre esta bebida y más práctica se adquiere en su elaboración, más vía libre hay para experimentar. No obstante, en lo que se refiere al té utilizado en la infusión base, los expertos coinciden en que para asegurar la buena salud del *scoby* y, por lo tanto, el éxito del resultado final, hay que optar siempre por las variedades procedentes de la familia *Camelia sinensis* —negro, verde, blanco, *oolong* y *pu-erh*—, ya que son las que contienen los nutrientes necesarios para garantizar que el proceso de fermentación se realiza correctamente.

Tradicionalmente los expertos han recomendado emplear el té negro (el más habitual) para la elaboración de la kombucha, aunque el *oolong* es una de las modalidades que cuentan con más adeptos. Los más puristas, por su parte, recomiendan utilizar un té lo más orgánico posible, libre de pesticidas y de otros productos industriales en su cultivo, cosecha y conservación que podrían interferir en el delicado equilibrio entre las levaduras y las bacterias.

En realidad, el desarrollo del cultivo de la kombucha no depende forzosamente de que el té utilizado sea negro, pero todos los experimentos y análisis realizados han demostrado que es el que produce concentraciones más altas de ácido glucónico, láctico y acético, y que la descomposición de la glucosa se realiza en él de un modo mucho más efectivo que en otros sustratos. Sin embargo, cada vez son más los expertos y consumidores de esta bebida que se decantan por utilizar el té verde en su preparación, solo o en combinación con el té negro, ya que no hay evidencias de que pueda alterar la calidad final de la kombucha e incluso, en algunos casos, posee unas propiedades superiores a las del negro.

Además de conferir al resultado final su sabor particular y sus cualidades medicinales, el té es una importante fuente de minerales para el cultivo.

Uno de los factores que diferencian la fermentación del té de las otras hierbas o extractos frutales que se preparan en forma de infusión es su elevado contenido en taninos, unas moléculas grandes y complejas, también llamadas polifenoles, que inhiben parcialmente el proceso de fermentación; por ello el contenido final de alcohol en la kombucha es tan bajo.

Como hemos visto en el capítulo tres, existen distintos tipos de té, y la diferencia entre unos y otros y lo que determina la modalidad depende del momento en que se cosechan sus hojas y de cómo son tratadas después. Esto es lo que aportan las distintas variedades en el caso concreto del proceso de elaboración de la kombucha:

Té negro: es la variedad unánimemente recomendada para la elaboración de la kombucha y presenta muchas variedades, todas aptas para preparar la bebida, con las que se puede experimentar. Entre los mejores para lograr un kombucha estupendo están Assam y Darjeeling. Lapsang Souchong y Yin Jun Mei, cuyas hojas han sido ahumadas sobre pino y tienen un aspecto leñoso, producen unas kombuchas con un sabor excepcional y dan como resultado un té fermentado muy oscuro, de color marrón o ámbar.

Té verde: las evidencias sobre sus propiedades nutricionales y saludables se han multiplicado en las últimas décadas, y se ha ido perfilando como la modalidad preferida por los adeptos a esta bebida. Los tés verdes proceden de las mismas hojas y brotes que los tés negros, pero no han sido fermentados en la misma medida. En términos generales, son más ligeros, más herbáceos y de sabor más fresco que los negros, aunque hay mucha variación en cuanto a sabor entre los muchos tipos existentes. La infusión final será de color amarillo o marrón claro. Muchos expertos en la elaboración de kombucha recomiendan no realizar la fermentación utilizando solo té verde, sino mezclarlo siempre con té negro. Esta recomendación es extensible también a otros tipos de té, como el rojo o el blanco. El repertorio de mezclas es amplio, pero siempre, y esto es fundamental, hay que aportar al cultivo de kombucha una porción proporcional de té.

Te *oolong*: es un tipo de té semioxidado, y se puede definir como una combinación entre el té negro y el verde. Ofrece un perfil nutricional similar al del té negro, aunque suele proporcionar un sabor más ligero y herbáceo característico del té verde.

Tés blancos e infusiones herbales: estos tipos de té más ligeros no son tan recomendables como el negro, el verde y el *oolong* para preparar kombucha. Se producen a partir de hojas y brotes inmaduros sometidos a un proceso de oxidación, de ahí que no ofrezcan el perfil de nutrientes requeridos para producir y cultivar el *scoby*. Además, algunas infusiones de hierbas no pertenecen a la familia *Camelia sinensis*, sino que se trata de mezclas de hierbas secas y especias y suelen contener una cantidad mucho mayor de aceites volátiles y de esporas que el té negro. Hay que tener en cuenta que tanto los aceites volátiles como las esporas interfieren generalmente en las bacterias de la kombucha y afectan a la calidad final de la bebida. Si se opta por estas modalidades, hay que hacerlo siempre mezclándolas con té negro, verde u *oolong*; de esta forma, se puede conseguir una kombucha potente y sabrosa, algo que no se logra si se emplean como modalidad de té única.

Té *rooibos* o rojo: técnicamente, el *rooibos* es un tipo de infusión de hierbas. No pertenece al grupo de los tés procedentes de la familia *Camelia sinensis*, sino a la de *Aspalathus linearis*, originaria de Sudáfrica. Generalmente tiene un sabor dulce y herbal, a veces ahumado. Aunque no se encuadra dentro de las modalidades recomendadas, las personas que elaboran kombucha con este tipo de té aseguran que el resultado es muy sabroso.

Té saborizado: este tipo de té no es recomendable. Mientras los tés negros, verdes, *oolong* o *rooibos* son variedades que aportan sabor por sí mismos, de forma natural, los agentes artificiales utilizados para darle al té un sabor afrutado o una nota herbal pueden interferir en el crecimiento del cultivo. Como «plan B» se puede optar por tés secos que contengan extractos naturales de frutas y hierbas en lugar de saborizantes artificiales.

Dos cuestiones más sobre el té

¿En hoja o en bolsita? La respuesta a esta pregunta es que depende de las preferencias personales, ya que la forma en la que se incorpore el té no afecta a la fermentación. Las bolsitas resultan muy cómodas, mientras que la principal ventaja del té a granel es que los elementos contenidos en la hoja son transmitidos al agua de un modo mucho más completo. Sin embargo, las hojas sueltas tienen el inconveniente de que antes de verter el té en el recipiente donde se va a realizar la fermentación es necesario colarlo muy bien. En cualquier caso, la proporción recomendada es de dos bolsitas o cucharaditas de té a granel por litro de agua.

¿Qué cantidad de cafeína aporta? Uno de los aspectos relacionados con este ingrediente que suscita más interrogantes es la cafeína que aporta. Los análisis muestran que el contenido existente en la kombucha oscila entre los 3 y los 5 mg por 100 ml, dependiendo del tiempo de fermentación y de la cantidad de té utilizada, una cifra pequeña teniendo en cuenta que una taza de té cargado aporta alrededor de 100 mg de cafeína. Sin embargo, si se desea una kombucha con unos niveles más bajos de cafeína, se pueden poner en marcha algunas estrategias:

- **Usar mezclas de té.** Para asegurar las dosis mínimas de cafeína hay que evitar utilizar solo té

negro y mezclarlo con té verde o blanco, en una proporción de 20 % de té negro y 80 % de la otra variedad (o una mezcla de ambas).
- **Prolongar el tiempo de fermentación.** Algunos estudios han demostrado que el contenido en cafeína de la kombucha disminuye a medida que aumenta la duración del proceso de fermentación. En este caso, se recomienda diluir la bebida, una vez fermentada, con un poco de agua o zumo para así minimizar la excesiva acidez de las fermentaciones prolongadas.

El azúcar

El contenido en azúcar (junto con su aporte de alcohol) es una de las razones por las que muchas personas no se deciden a preparar o consumir la kombucha. Sin embargo, como ya hemos visto, el azúcar final presente en esta bebida se reduce considerablemente (de hecho, es mínima), ya que buena parte de ella se emplea durante el proceso de fermentación. En este sentido, es importante hacer hincapié en que en la preparación de la kombucha el azúcar no se utiliza como endulzante, sino como alimento para las colonias de bacterias y levaduras que están presentes en la bebida y que en el transcurso de la fermentación lo irán descomponiendo en diversas sustancias. De hecho, basta con probar la kombucha posfermentación para descubrir que no se puede calificar precisamente como una bebida dulce.

Es cierto que las últimas investigaciones y las tendencias nutricionales han puesto de relieve los efectos perjudiciales que el azúcar refinado (el blanco) tienen para el organismo, de ahí que cada vez más personas utilicen para endulzar sus alimentos azúcar moreno (mucho menos «inofensivo» y más parecido al azúcar blanco de lo que pueda parecer), miel o edulcorantes sintéticos diversos.

La cuestión es: ¿se pueden utilizar estos «otros azúcares» en lugar del azúcar blanco para preparar la kombucha? La respuesta es: no.

Las pruebas realizadas con azúcar integral han dado como resultado un té con poca acidez, de aspecto turbio y sabor desagradable. Al parecer, ciertas sustancias presentes en el azúcar integral (posiblemente impurezas naturales tales como pequeños fragmentos de caña) interfieren en el desarrollo de algunos de los microorganismos de la kombucha, dando lugar a que el resultado final sea francamente mediocre, no solo en cuanto a su sabor sino también en lo que respecta a sus cualidades desintoxicantes.

La miel tampoco es adecuada. Aunque si se utiliza en las primeras fermentaciones los resultados pueden resultar aceptables, si el cultivo se sigue alimentando con miel en lugar de azúcar habitual, muere pronto. Casi el 80 % de la miel es azúcar; el otro 20 % está formado por más de cien sustancias diferentes, entre ellas aceites aromáticos, nutrientes diversos e ingredientes bactericidas que contribuyen a conferir a la miel su cualidad de alimento sano, pero que afectan a la actividad de las bacterias que son parte esencial de la kombucha, alterando el proceso de fermentación y el resultado final.

En cuanto a los edulcorantes artificiales, hay que recordar que se trata de sustancias que no tienen absolutamente nada que ver con el azúcar. No suministran energía alguna, sino que su principal función es la de proporcionar un sabor dulce, por lo que su utilidad en el proceso de preparación de la kombucha es totalmente nula. Sí se pueden emplear, no obstante, para añadir sabor y dulzor a la bebida una vez obtenida.

LOS UTENSILIOS

Ollas y otros recipientes

Se necesita una olla para preparar la mezcla, un recipiente en el que se va a llevar a cabo la fermentación y otro para conservar la bebida una vez preparada. Todos ellos deben reunir determinadas características. La primera, tener como mínimo dos litros de capacidad. Y la segunda, no estar hechos con materiales reactivos (es muy importante evitar cualquier utensilio de aluminio). Las mejores opciones son el acero inoxidable para la olla y el cristal para la fermentación y conservación. El vidrio no interfiere en el proceso de fermentación, y aunque hay quienes la realizan en recipientes de plástico, la mayoría de los «kombucheros» rechazan este material y recomiendan unánimemente que el proceso se lleve a cabo en un recipiente de cristal. En caso de que se opte por el plástico, este tiene que ser de buena calidad y no contener componentes que fácilmente reaccionarían con los ácidos de la kombucha. También hay que tener en cuenta que el plástico puede alterar ligeramente el sabor final de la bebida.

Lo que sí es determinante para que la fermentación se pueda efectuar correctamente es la forma que tenga el recipiente: es muy importante que el cultivo de kombucha pueda «respirar» ya que necesita oxígeno para desarrollar sus procesos metabólicos. Por eso, la boca del frasco o jarra debe ser lo más ancha posible, pues de este modo la superficie en contacto con el aire será mayor. Asimismo, la fermentación en recipientes de boca ancha es más rápida que en aquellos en los que el orificio es pequeño, y todos los análisis han demostrado que la efectividad del té ya fermentado es directamente proporcional a la superficie que tuvo contacto con el aire durante la fermentación. Resumiendo: lo ideal es que el recipiente tenga un diámetro de aproximadamente unos 23 cm, para asegurar que la mezcla reciba el suficiente oxígeno y conseguir que los tiempos de fermentación sean más cortos.

En cuanto al recipiente para conservar la kombucha una vez fermentada, la mejor opción son las botellas de cristal con cierre (mejor de rosca que a presión), guardadas en la nevera.

Cucharas y coladores

Muy importante: estos utensilios no pueden ser metálicos. En el caso de las cucharas, necesarias para disolver el azúcar, mezclar bien los ingredientes y retirar el *scoby* una vez terminada la fermentación, el material ideal es la madera. En cuanto al colador, que se emplea para filtrar las hojas si se utiliza té a granel y para eliminar las levaduras y otros restos antes de embotellar la bebida, lo mejor es uno de tela. También se puede recurrir a los filtros de papel que se usan en las cafeteras.

Trozo de tela o papel de cocina

Debido a la necesidad de oxígeno que tiene el cultivo de kombucha, nunca hay que cerrar el recipiente herméticamente (con una tapa de rosca, por ejemplo), pero es importante cubrirlo de tal forma que no pueda ser contaminado por el polvo, los insectos u otros elementos ambientales, aunque sin impedir el paso del aire. En este sentido, son especialmente peligrosas las moscas del vinagre que, atraídas por el olor, surgen como de la nada.

Para conseguir una cobertura óptima hay dos opciones: usar una tela fina (si es excesivamente gruesa, el aire no circula lo suficiente, lo que facilita la aparición de moho) o papel de cocina plegado varias veces. En ambos casos, hay que sujetar la «tapa» sobre el borde del recipiente con una goma o elástico, de forma que ni las moscas del vinagre, si aparecieran, ni otros «visitantes indeseables» puedan penetrar en el interior.

Medidor de pH

En las farmacias o droguerías se venden tiritas de papel que miden el pH y que se pueden utilizar para determinar si el té está listo. El pH de la kombucha debe estar en el intervalo de 2,5-2,6 y 3,5-4 (el ideal es 2,6-4). Comprobarlo es muy fácil, ya que estos medidores funcionan con una escala de colores que ofrecen esta información al instante.

LA FERMENTACIÓN: BUSCANDO LAS CONDICIONES ÓPTIMAS

Conseguir que la fermentación se lleve a cabo correctamente y que el «experimento» de preparar kombucha casera resulte un éxito es muy sencillo, siempre y cuando se den una serie de condiciones:

Un ambiente tranquilo y «libre de humos»

Es importante que, una vez iniciado el proceso, el recipiente de fermentación no se mueva del lugar en el que se ha colocado, para no alterar el cultivo. Aunque la cocina, por su temperatura elevada, podría parecer un buen sitio, no se considera el lugar más adecuado, pues los vapores grasos que se desprenden al cocinar inciden negativamente sobre la fermentación.

También es muy importante no fumar en la misma habitación en la que se está fermentando la kombucha. De hecho, está demostrado que en la inmensa mayoría de los cultivos que no prosperan el culpable es el humo del tabaco. Otro tipo de humos también la afectan, pero nunca de un modo tan determinante como el del tabaco.

Luz y calor

La kombucha no necesita luz para fermentar, al contrario: diversos experimentos han demostrado que en los tés fermentados en la oscuridad, la concentración de ácidos es superior a la que presentan los que fermentaron en un ambiente con luz normal. Hay que evitar especialmente que el recipiente reciba los rayos directos del sol, ya que esto podría llegar incluso a inhibir totalmente el proceso.

En cuanto a la temperatura, la kombucha se desarrolla bien a temperatura ambiente, entre los 20 y los 30 °C. El resultado es mejor cuando la temperatura se mantiene uniforme y constante.

Otros factores ambientales

Los factores presentes en el ambiente que más pueden alterar el proceso de fermentación son, además del humo del tabaco, el polen (ya sea procedente de plantas en el interior de la casa o del exterior); la grasa y otras sustancias que se desprenden al cocinar; el humo y las sustancias derivadas de productos tóxicos (como, por ejemplo, los que pueden estar presentes en los armarios en los que se guardan los productos de limpieza); la luz directa del sol; el calor o el frío excesivo (cuidado con poner el fermento cerca de la calefacción, aunque esta solo permanezca encendida unas horas al día), y los espacios con poca ventilación.

Lejos de otros fermentos

Es muy importante evitar la contaminación cruzada con otros productos fermentados, ya que las bacterias y levaduras de la kombucha son robustas y ejercen un papel dominante respecto a las de otros fermentos; se aferran de forma invisible al pelo, a la ropa, a la piel o incluso flotan imperceptiblemente alrededor de la zona de fermentación. Si se está preparando yogur, kéfir, chucrut u otro fermento en la misma zona, es muy probable que se produzca una contaminación cruzada, que puede dar lugar a que, por ejemplo, empiece a crecer un *scoby* en un trozo de kéfir o que aparezcan levaduras extrañas en el yogur. Evitar esta situación es tan sencillo como mantener los fermentos lo más alejados posible unos de otros y, sobre todo, utilizar utensilios distintos para preparar cada uno de ellos.

PEQUEÑOS GESTOS QUE ASEGURAN EL ÉXITO

Hay una serie de pautas que se deben respetar antes, durante y después de la preparación de la kombucha para conseguir que todo el proceso se desarrolle de forma adecuada y sin «sobresaltos»:

- Una vez listos los ingredientes y utensilios mencionados, es necesario lavarse bien las manos con jabón, quitarse los anillos metálicos y lavar también cuidadosamente las superficies sobre las que se colocarán los objetos que van a entrar en contacto con el cultivo o con el té.
- Para obtener todos los beneficios de la kombucha y prepararla de la manera correcta hay que asegurarse de que los ingredientes empleados sean de la mejor calidad.
- La preparación debe incluir todos los ingredientes (nunca se pueden sustituir por otros, aunque sean muy parecidos) y respetar los pasos de la receta base. Las innovaciones y los experimentos deben reservarse para la fase más avanzada (saborización y segunda fermentación), una vez que se ha obtenido el té.
- En caso de no disponer de una olla con capacidad para dos litros o de un recipiente de fermentación lo suficientemente grande, se puede efectuar todo el proceso con una cantidad de agua menor, ajustando proporcionalmente la dosis de té y de azúcar.

- Si durante la fermentación aparecen alteraciones como mohos, insectos, etc., hay que desechar toda la bebida, incluyendo el hongo madre, limpiar con agua caliente y jabón el recipiente y empezar de nuevo todo el proceso, desde cero.

Capítulo 6

FERMENTACIÓN, «COSECHA» Y CONSERVACIÓN

Muchos autores y «kombucheros» expertos definen la fermentación como el paso más «duro» o «difícil» de todo el proceso de elaboración de la kombucha. Y no precisamente porque haya que realizar ninguna intervención complicada sino simplemente por las altas dosis de paciencia que se requieren para esperar a probar el resultado final (ya se sabe, quien espera, desespera…). Durante un periodo de tiempo de entre una y dos semanas, ese recipiente, en apariencia estático, alberga en su interior una actividad frenética, fruto de la cual se obtiene la ansiada bebida.

¿QUÉ OCURRE DURANTE LA FERMENTACIÓN?

El fenómeno de la fermentación se puede definir como el proceso por el cual sustancias o nutrientes que son difíciles de digerir se descomponen, y como consecuencia de esta descomposición se produce o «libera» una nueva sustancia cargada de energía nutricional.

En el caso de la kombucha, esta «metamorfosis» se inicia cuando, una vez preparada la mezcla, el hongo o *scoby* y el resto de los ingredientes ceden el testigo a tres elementos que van a protagonizar este proceso: las bacterias, las levaduras y los ácidos. Simplificando mucho, y sin adentrarnos excesivamente en el terreno de la química, esto es más o menos lo que ocurre durante la fermentación:

- Las bacterias y las levaduras, presentes tanto en el hongo madre o *scoby* como en el líquido inicial (nuevo o procedente de té ya fermentado, que se añade al té recién hecho) interactúan entre sí de formas complejas y, en cierto sentido, misteriosas. Al iniciarse la fermentación, las levaduras comienzan a alimentarse del azúcar, de los minerales, de las vitaminas y de otros nutrientes presentes en el líquido. Debido a la gran abundancia de alimento, se multiplican con enorme rapidez y comienzan a producir alcohol. De este modo, se establece un equilibrio cíclico entre las levaduras y las bacterias; ambas trabajan conjuntamente para producir vitaminas, esteroles, etanol, ácidos simples y otras sustancias y crean un medioambiente favorable en el que ambas pueden vivir.

- La función metabólica de las levaduras crea muy pronto un medio rico en vitamina B que permite que las bacterias, a su vez, comiencen a funcionar y conviertan el alcohol en ácido acético. A medida que las bacterias se van multiplicando, el número de células de levadura comienza a declinar.

- Por su parte, la conversión del alcohol en ácido acético genera como subproducto la celulosa, que se va acumulando en capas para formar el hongo «hijo», en cuyo interior se establecen colonias de células de levadura, que permanecen sin reproducirse hasta que el cultivo se coloca de nuevo en un medio rico en azúcar.

- Todavía no se sabe con certeza por qué las bacterias de la kombucha producen celulosa y, sobre todo, en una cantidad tan considerable como para formar el cuerpo del hongo «hijo». El hecho es que la bacteria *Acetobacter aceti subsp. Xylium*, responsable de la conversión del alcohol en ácido acético, produce una enzima llamada celulosa sintetasa, que es la que va formando la masa del hongo con una capa tras otra de fibras de celulosa.

- A medida que aumenta la acidez y el grado alcohólico (que puede llegar a alcanzar el 7 % en algunos momentos de la fermentación), las bacterias como tales van desapareciendo (se han transformado fundamentalmente en ácido acético) y las levaduras ralentizan su actividad, hasta llegar el momento en que la bebida es apta para ser consumida.

EL FERMENTO PROGRESA ADECUADAMENTE SI...

Si se trata del «cultivo de iniciación» en la kombucha o es la primera experiencia con un producto fermentado, pueden surgir muchas dudas y errores de interpretación acerca de ese «tsunami» que se está desarrollando en el interior del recipiente. Por suerte, hay una serie de señales que indican que el proceso de fermentación se está desarrollando correctamente y que el cultivo va a terminar con éxito:

- El nuevo hongo —«hijo»— que se va formando tiene un espesor equivalente a entre un cuarto y la mitad del *scoby* u hongo madre. Un hongo hijo muy fino puede ser indicativo de un cultivo demasiado débil, mientras que si es muy grueso o espeso puede impedir que el oxígeno llegue correctamente a la mezcla.
- La bebida va adquiriendo un tono turbio. Este efecto es consecuencia de la intensa actividad que están llevando a cabo las bacterias y levaduras.

- El nuevo *scoby* tiene un color entre blanco y ligeramente tostado. En este sentido, hay que tener en cuenta que esta «pista» solo es válida para las primeras veces que se elabora la bebida, ya que cuando el hongo madre o *scoby* ha sido reutilizado muchas veces se va poniendo más oscuro, hasta adquirir un tono marrón, y también puede perder potencia «reproductora».
- Presenta filamentos, procedentes de las levaduras. Estos pueden estar en el fondo del recipiente o flotando en el líquido. En ambos casos, indican que el cultivo está sano.
- El hongo se reproduce con cada nueva fermentación: un *scoby* sano siempre produce un nuevo cultivo.
- El hongo hijo es robusto; es fácil comprobarlo, ya que un *scoby* en perfectas condiciones es resistente al desgarro cuando se presiona firmemente entre los dedos pulgar e índice.
- Hay efervescencia. La presencia de burbujas, incluso antes de que la kombucha se embotelle, es otra señal de que se trata de un fermento saludable y de que el *scoby* está activo.

PARA NO OLVIDAR

- Una de las «sorpresas» que se llevan las personas que fermentan kombucha por primera vez es comprobar que el proceso se inició con un hongo y, al terminar, hay dos. Es lo que se conoce como «hongo hijo».
- Generalmente, el hongo hijo suele ser más grueso y pequeño que el *scoby* original.
- Ambos hongos, y los que se van obteniendo en las sucesivas fermentaciones, tienen una composición y unas propiedades similares, siempre que el procedimiento se haya llevado a cabo siguiendo adecuadamente todos los pasos y en las condiciones idóneas.
- Los dos *scobys* –la «madre» y el «hijo»– se pueden separar y utilizar, junto a un poco de té fermentado, como «kit inicial» para otra kombucha y regalar el sobrante.

PROBLEMAS, IMPREVISTOS E «INTRUSOS»

Moho

Si se respetan las proporciones adecuadas de los ingredientes que intervienen en el proceso de elaboración de la kombucha, es sumamente difícil e improbable que aparezca moho, teniendo en cuenta la naturaleza ácida de esta bebida. Lo que sí puede favorecer el desarrollo de estos microorganismos es no tapar adecuadamente el recipiente en el que se lleva a cabo la fermentación (te recuerdo que la tela o el papel con que se cubre debe permitir el contacto con el oxígeno).

Reconocer el moho es fácil: cualquier intruso blanco, verdoso, rojizo, amarillento, negro o peludo, que cuando aparece suele formar pequeñas islitas sobre el cultivo hijo o bien flotar sobre la superficie del té. Visto con una lupa se puede apreciar perfectamente su aspecto filamentoso, semejante a cualquier otro tipo de moho.

¿Qué hacer cuando aparece moho en la kombucha? No hay alternativa: desprenderse de todo –té, cultivo madre y cultivo hijo– y lavar después muy bien el recipiente con agua hirviendo. Un té de kombucha contaminado por moho no puede salvarse de ninguna manera y, además, puede resultar perjudicial para la salud.

Plagas e insectos

La mosca de la fruta es el principal enemigo de la kombucha, y basta con que una sola tenga contacto con el té para que toda la mezcla se eche a perder. Además, la presencia de uno de estos o de otros insectos es indicativa no solo de que no será el único sino de que probablemente ya haya depositado sus huevos en el fermento. Si no se ha visto al insecto pero aparecen gusanos en el disco de kombucha, está claro que la mosca de la fruta ha entrado en contacto con la mezcla. En este caso, y al igual que ocurre con el moho, no se puede salvar el cultivo y hay que desprenderse de él y empezar de nuevo.

Sabor y olor extraños

El olor característico de la kombucha es peculiar: resulta fuerte e intenso (hay quien dice que le recuerda al de determinados tipos de quesos), pero no huele mal ni produce una sensación desagradable. Por tanto, si al destapar el recipiente el aroma que desprende la mezcla es rancio, excesivamente agrio y desagradable (es decir, huele a podrido), hay que tirar el fermento.

También puede ocurrir que, tras unos días de fermentación, el sabor de la preparación no cambie (sigue sabiendo como un simple té dulce, sin presentar indicios de ese aumento de intensidad y «cuerpo» que caracteriza a la kombucha). Esto suele producirse porque el cierre del recipiente es demasiado hermético o porque el ambiente en el que se está llevando a cabo la fermentación es demasiado frío. La solución consiste en sustituir la tapa por otra que deje filtrar el aire o colocar el recipiente en un lugar más templado. De todas formas, una manera rápida y fiable de comprobar que el proceso de fermentación se está llevando do a cabo correctamente es introducir un medidor de pH: el rango en el que debe estar la bebida es entre 2,6 y 4. Un pH distinto puede indicar que la fermentación ha fracasado y, por tanto, hay que desprenderse de ese cultivo.

Un consejo: en previsión de estas eventualidades que pueden presentarse durante la fermentación, una buena idea es tener siempre un disco de *scoby* de repuesto por si en algún momento del proceso la bebida se estropea o contamina, aparecen mohos o es «atacada» por insectos. Este *scoby* de repuesto hay que almacenarlo junto con un poco de té fermentado.

Otros «pasajeros» que sí son bien recibidos

El «comportamiento» del hongo durante el proceso de elaboración de la kombucha no tiene por qué ser el mismo en una fermentación que en otra. Por ejemplo, al incorporar el *scoby*, este puede irse al fondo, flotar, mantenerse recto, ponerse en vertical... sin que nada de ello indique una anomalía, sino que está relacionado con la densidad del disco. Independientemente de dónde se encuentre el hongo madre, la nueva cepa u hongo hijo siempre se sitúa en la superficie de la bebida, suelto o adherido a la «madre».

Por otro lado, y aunque su aspecto no «entre por los ojos», hay elementos que se pueden ir añadiendo a la kombucha durante la fermentación y que son normales e inofensivos. Por ejemplo, muchas veces en el hongo hijo se forman burbujas. Es algo normal y no tiene nada que ver con el moho. También son normales los hilos o colgajos de color marrón oscuro que suelen aparecer en la parte inferior del *scoby* (se trata en su mayor parte de células de levaduras muertas) o flotando en el té, en cuyo caso suele tratarse de bacterias y levaduras jóvenes que están creciendo en la mezcla y que no solo no son perjudiciales sino que se consideran un signo de calidad de una kombucha sana y en perfecto estado (de hecho, es frecuente verlos flotando en la bebida una vez embotellada; una vez filtrados con el colador, desaparecen). En otras ocasiones el cultivo comienza formando una especie de pequeñas islas de color blanquecino que flotan sobre el té. Es otra situación normal y pasados dos o tres días esas islas se irán haciendo más grandes hasta cubrir toda la superficie.

También puede ocurrir que si se deja fermentar la kombucha durante demasiado tiempo o, simplemente, nos hemos olvidado de «cosecharla», la bebida se convierta en vinagre, lo que no es malo, ya que el vinagre de kombucha se puede usar perfectamente como cualquier otro tipo de vinagre (ver el capítulo ocho). De hecho, es de mejor calidad, ya que contiene y aporta todas las cualidades saludables de la kombucha, potenciadas y multiplicadas. ¿Cómo diferenciar una kombucha «avinagrada» de otra que está en mal estado? El olor es la pista: el aroma (y el sabor) a vinagre es inconfundible y resulta muy diferente al olor a rancio o podrido que caracteriza a una kombucha estropeada.

CUÁNTO TIEMPO DURA LA FERMENTACIÓN (Y CUÁNDO SABER SI LA KOMBUCHA ES APTA PARA CONSUMIR)

Ya hemos visto que una gran parte del azúcar que se añade al cultivo se convierte en alcohol, que a su vez, a partir del quinto o sexto día, comienza a transformarse en ácido acético. Por tanto, el proceso de fermentación que hace que la kombucha se considere «apta para beber» dura entre siete y ocho días, siempre que la fermentación se haya llevado a cabo en las condiciones adecuadas. Hay, además, una serie de pautas orientativas que pueden ayudar a precisar el mejor momento para dar por terminada la fermentación y «cosechar» la kombucha:

- Entre ocho y catorce días después (si se desea un sabor más intenso y menos dulce) ya se puede cosechar el té. Hay que recordar que al quitar la tela o el papel se puede ver que en la superficie se ha formado otro cultivo (el hijo); si el hongo madre quedó arriba, tal vez ahora estén los dos pegados y será necesario separarlos.
- Para determinar con más precisión si la kombucha está «madura», se puede medir el pH del líquido cada pocos días. Esto permite «cosecharlo» en el momento apropiado, según el gusto particular: hay personas que prefieren la kombucha más dulce y otras a las que les gusta

mucho más ácida. El pH de la kombucha «ideal» (esto es, sabroso y que puede consumirse con seguridad) debe estar entre 2,6 y 4, como ya he indicado.

- La «pista» más utilizada para saber si el proceso de fermentación se ha completado es probarlo para comprobar que el té ya no sabe dulce sino que se aprecian notas ácidas al gusto. No se aconseja hacerlo directamente, sino que lo mejor para llevar a cabo este test es introducir una pajita en el recipiente de fermentación, intentando exponer la bebida lo menos posible al aire, para evitar cualquier contaminación de última hora (en caso de que el proceso aún no haya finalizado).

- Otra opción muy práctica es probarlo con una cuchara de madera. No hay reglas fijas: es el gusto del interesado lo que, a fin de cuentas, decidirá si es conveniente o no esperar todavía unos días, pero hay que tener en cuenta que cada día que transcurra, el té se irá acidificando un poco más, hasta finalmente convertirse en vinagre.

CÓMO INTERPRETAR EL SABOR

Su peculiar sabor es uno de los principales puntos fuertes de la kombucha y, de hecho, se trata de una de las características que hacen que esta bebida sea tan especial y cuente cada vez con más adeptos. Sin embargo, cuando se prepara la primera vez, no siempre es fácil saber si su sabor es el que debe tener definitivamente, así que los expertos recomiendan a los «nuevos kombucheros» ir probándola todos los días, a partir del quinto o séptimo día de fermentación, a modo de cata, tanto para ir ajustando el sabor a los gustos personales como para entrenar a las papilas gustativas en este nuevo sabor, de forma que sean capaces de reconocer cuándo la bebida está en su punto.

Una de las cosas que los consumidores habituales de kombucha conocen perfectamente es que, aunque procede del té, no sabe como este. La activa acción y presencia del ácido acético durante la mayor parte del proceso de fermentación es la responsable de ese sabor agridulce, a medio camino entre el vermú y la sidra, aunque cada persona hace su interpretación particular después de probarla por primera vez.

Los adjetivos que con más frecuencia se emplean cuando se trata de describir el sabor de la kombucha van desde *ácida* a *suave*, pasando por *efervescente*, *chispeante*, *seca*, *refrescante*, *vivificante*...

La reacción general suele ser siempre la misma: el primer sorbo de kombucha puede parecer extraño, pero al segundo o tercero la percepción cambia.

Un dato curioso es que quienes consumen cantidades elevadas de azúcar en su dieta diaria generalmente tienen más dificultades para apreciar el sabor de la kombucha, pero esto cambia a medida que se van acostumbrando a esta bebida. De todas formas, suelen «sentirla» más ácida que el resto de las personas, algo que se puede subsanar fácilmente diluyéndola en un poco de agua o zumo.

La posibilidad que ofrece la kombucha de ajustar las cantidades de bebida que se puede obtener permite adaptar el sabor a los gustos personales: si se desea una kombucha más «joven» o dulce, debe acortarse el proceso de fermentación; si lo que se quiere es disfrutar de toda su intensidad o si resulta más sabrosa con un punto más ácido, habrá que prolongarlo.

LA POSFERMENTACIÓN

Cuando la kombucha está lista, esta es la forma de proceder:

- Una vez está fermentada, se aconseja llevar el recipiente a un lugar en el que se pueda trasvasar la bebida a la botella en la que se va a conservar.
- Después, con las manos muy limpias, sacar el disco o *scoby* y colocarlo en un recipiente aparte (de cristal, hay que evitar el plástico), junto con un 10-15 % del líquido obtenido (líquido de inicio) para hacer la siguiente fermentación.
- Separar también al hongo hijo (es muy fácil de identificar, ya que tiene una forma que recuerda

FERMENTACIÓN, «COSECHA» Y CONSERVACIÓN

a la de las tortitas). Hay que recordar que puede estar adherido al hongo madre y, también, tener un grosor importante. En ambos casos, se puede manipular, separándolo o cortándolo en dos con la ayuda de un cuchillo o tijeras (siempre, de acero inoxidable).

• Colar el té fermentado (con un colador de tela) y pasarlo a las botellas o frascos. Es importante no rellenar las botellas hasta arriba y se recomienda utilizar tapones de corcho o de plástico sin rosca, para evitar que a causa del gas carbónico que contiene la kombucha las botellas puedan estallar. No hay que olvidar que, aunque a menor ritmo, el proceso de fermentación sigue en el frigorífico.

El «hotel *scoby*»

Lo habitual es que tras varios cultivos nos encontremos con un excedente de hongos, tanto madre como hijos. ¿Qué hacer con ellos? Algunos autores recomiendan almacenarlos en lo que ellos denominan «hotel *scoby*», o lo que es lo mismo, habilitar un recipiente para guardar de manera segura los cultivos procedentes de las distintas fermentaciones, acompañando siempre a los hongos de un poco de líquido de inicio (imprescindible para que la kombucha se mantenga con vida). La mejor opción es emplear un frasco grande, lavado previamente con agua caliente monoclorada o con un detergente antibacteriano. Después, se deben poner en él los *scobys* y añadir entre dos y cuatro tazas de té fermentado. Finalmente se añade té dulce (el sustrato con el que se prepara la fermentación) hasta cubrir totalmente todos los cultivos almacenados, se tapa el frasco con un paño o papel de cocina doblado y se coloca en un lugar relativamente oscuro, a temperatura ambiente (no refrigerar), durante siete u ocho días, transcurridos los cuales se sustituye esta cobertura por la tapa del frasco. Hay que tener en cuenta que el líquido se evapora lentamente, así que se debe comprobar con frecuencia el nivel de té de kombucha y rellenar con té dulce si es necesario. Cada vez que se añada una dosis de té dulce, hay que cubrir con tela y papel, dejar que pase aproximadamente una semana y, una vez fermentado, volver a colocar la tapa. Es decir, se trata de hacer lo que se podría calificar de «fermentaciones exprés».

Las bacterias y levaduras presentes tanto en el hongo como en el líquido del «hotel *scoby*» permanecen viables de forma indefinida siempre que se siga este proceso, que el recipiente se almacene en unas condiciones ambientales estables y que se lo «alimente» cada pocos meses.

YA ESTÁ LISTA. Y AHORA ¿QUÉ?

Una vez obtenida la primera preparación del té de kombucha se pueden hacer básicamente dos cosas:

embotellar el té para su consumo y guardarlo en la nevera y elaborar una nueva kombucha, usando para ello el *scoby* original o el nuevo hongo obtenido en la fermentación. Pero, además, y como veremos en el capítulo ocho, la kombucha «cosechada» puede servir de base a un amplio repertorio de sabores y versiones de esta bebida, si se la somete a lo que se conoce como «segunda fermentación».

Opción 1: cómo conservar la kombucha destinada al consumo y cuánta cantidad tomar

El té de kombucha, una vez fermentado, siempre debe conservarse en la nevera. Hay que tener en cuenta que aunque se haya retirado el *scoby*, todavía hay bacterias y levaduras vivas y activas presentes en la mezcla, así que si se mantiene a temperatura ambiente, el té continuará fermentando.

Respecto al momento de empezar a degustarlo e incorporarlo a los hábitos alimentarios diarios, habitualmente surge la duda de qué cantidad de kombucha es aconsejable tomar. Como en muchos de los aspectos que rodean a esta bebida, las opiniones sobre la cantidad más adecuada que se debe ingerir son dispares. Lo cierto es que todavía no hay las suficientes investigaciones al respecto sobre cuántos vasos o medidas de kombucha hay que consumir al día para notar sus beneficios saludables, por ejemplo una mejora en el funcionamiento intestinal o una mayor sensación de vitalidad.

Muchas personas toman un litro al día, y esa era precisamente la dosis que se administraba a los pacientes de algunos hospitales militares rusos a principios del siglo XX. Otras aseguran beber un litro y medio diario. En realidad, y en líneas generales (como con cualquier tipo de alimento, la pauta debe ser personalizada), no hay límite alguno para la cantidad que se puede llegar a tomar, siempre que se cumplan dos condiciones muy importantes: comenzar de un modo gradual y beber mucha agua durante el día.

Una de las pautas más habituales al respecto recomienda iniciarse tomando 100 ml de kombucha al día durante la primera semana (un tercio de vaso), y aumentar la segunda semana a 200 ml y la tercera a 300. A partir de la tercera semana, se puede seguir incrementando paulatinamente la dosis, siempre que no se presenten molestias ni reacciones extrañas. Sin embargo, la opinión generalizada es que un vaso grande de kombucha al día es suficiente para sacar partido a todas sus cualidades saludables.

En cualquier caso, lo más sensato es comenzar con una cantidad muy pequeña, tomándola despacio y prestando atención a las reacciones que se producen en el organismo. Y es que al igual que el resto de los alimentos y bebidas, la kombucha no sienta igual a todo el mundo. En caso de que se presente algún tipo de malestar tras consumirla o se note que «no sienta bien», hay que reducir la dosis y esperar una semana antes de aumentarla de nuevo. Algunas molestias que suelen presentarse son ligeros dolores de cabeza, molestias intestinales y, en algunos casos, picores cutáneos.

Por otro lado, mientras se está tomando la kombucha es aconsejable beber entre litro y medio y dos litros de agua al día, para favorecer el efecto *detox* que, como ya hemos visto, produce esta bebida.

Opción 2: preparar una nueva kombucha

Una vez «cosechada» la kombucha, se puede iniciar todo el proceso de elaboración de nuevo. Para la siguiente fermentación se puede utilizar indistintamente el hongo madre (el *scoby* original empleado en la elaboración del primer té) o el hongo hijo obtenido de la fermentación, ambos siempre con el líquido de inicio. En caso de que el líquido de inicio esté demasiado turbio, debido a la presencia de los filamentos de la levadura, se recomienda filtrarlo, para asegurar el correcto equilibrio de la nueva bebida. El sobrante puede almacenarse en el «hotel *scoby*», desecharse (es mejor no tirarlo por el inodoro, pues según algunos expertos, el cultivo podría seguir creciendo y llegar a taponar los drenajes) o regalarse a alguien que esté interesado en iniciarse en la kombucha. Para facilitar esta «vuelta a empezar», recuerdo aquí los pasos básicos que hay que seguir para la obtención de la bebida:

1. Calentar dos litros de agua y llevarlos hasta el punto de ebullición.
2. Añadir el té (cuatro bolsitas o cuatro cucharaditas de hojas).
3. Dejar reposar entre cinco y diez minutos.
4. Retirar el té (colarlo si es en hojas).
5. Incorporar el azúcar y disolverlo muy bien (usar una cuchara de madera).
6. Dejar que se enfríe la mezcla, hasta que alcance temperatura ambiente.
7. Echar la mezcla en el recipiente de fermentación.
8. Incorporar el hongo madre (*scoby*) o el hongo hijo y un poco de líquido (el que acompaña al *scoby* o kombucha previamente fermentada).
9. Cubrir el recipiente con una tela o papel de cocina y fijarlo con una goma o elástico.
10. Dejarlo reposar en un lugar que reúna las condiciones adecuadas.
11. Transcurridos siete u ocho días, probar la bebida o testar el grado de acidez con un medidor de pH.
12. Echar el té ya fermentado en un recipiente (separar el hongo y reservar un poco de líquido) y conservarlo en la nevera.
13. Volver a iniciar el proceso, utilizando el hongo y el líquido reservado.

Capítulo 7

KOMBUCHA: MANUAL DE USO

Tanto a los no iniciados en esta bebida como a los más «veteranos» pueden surgirles dudas respecto a los diferentes aspectos implicados en la elaboración y el consumo de la kombucha, algo normal teniendo en cuenta que, por un lado, su popularidad es relativamente reciente, por lo que aún hay bastante desconocimiento sobre ella, y, por otro, porque es frecuente encontrar distintas pautas o recomendaciones que varían —y a veces incluso se contradicen— entre unas fuentes y otras. Es cierto que pocas cosas son «blanco o negro» en el mundo de la kombucha y que, como se explica en el capítulo siguiente, una vez que se domina la técnica básica de su elaboración y se conocen sus principales características, las posibilidades de innovar y experimentar con ella son prácticamente infinitas, de ahí que haya opiniones y experiencias muy variadas.

Con la intención de aclarar ideas y puntualizar sobre los aspectos más importantes de la kombucha, y también de recordar muchos de los ya comentados, he recopilado aquí las dudas y preguntas más habituales que suelen surgir respecto a ella.

SOBRE LOS INGREDIENTES Y LA PREPARACIÓN

¿Qué es exactamente el scoby *y qué diferencia hay entre él y el llamado «hongo madre»?*

Tradicionalmente la kombucha se preparaba gracias a la generosidad de los «cultivadores» habituales de esta bebida, que regalaban el excedente de cultivo (colonia de microorganismos), también llamado hongo, a partir del cual se fermenta la bebida (no hay que olvidar que en cada fermentación se produce un nuevo hongo, el «hijo»). También era posible, aunque más difícil, obtener este hongo a partir del té de kombucha ya fermentado, si este se conservaba a temperatura ambiente. Actualmente la elaboración de la kombucha se ha simplificado mucho gracias a la posibilidad de disponer de ese cultivo inicial, junto a la cantidad necesaria de líquido iniciador, en forma de kit, listo para ser utilizado (basta buscar en Internet para encontrarlo fácilmente). Es el *scoby*, un disco gelatinoso, de color blanco-amarillento, muy similar al «hongo» que se obtiene en cada fermentación. Es un cultivo vivo, es decir, está compuesto por levaduras y bacterias, así que no existe ninguna diferencia entre él y el hongo madre procedente de una fermentación previa.

¿Tengo que usar el kit de scoby y líquido iniciador en cuanto lo tenga?

Lo más recomendable es utilizarlo lo antes posible para reactivarlo. En caso de que no se vaya a usar inmediatamente, hay que guardarlo (sin abrir el envase) en un lugar fresco y seco. En algunos de estos kits se especifica que, aunque no es necesario conservarlo en el frigorífico, sí es recomendable hacerlo, sobre todo en los meses y ambientes más calurosos.

Algunas personas aseguran que cultivar la kombucha en casa es peligroso. ¿Qué hay de cierto en esto?

Cuando se elabora la kombucha de forma artesanal, en casa, solo hay una cuestión de la que hay que preocuparse especialmente: el moho. Y como este es muy obvio —se trata de una especie de vellosidad azul, negra, verdosa o blanca que crece encima del hongo—, en cuanto se detecte, hay que eliminar la mezcla, de la misma forma que se haría con un trozo de pan o de queso que presenten moho. No obstante, si se tiene un *scoby* de buena calidad y un líquido de inicio potente y se siguen las pautas descritas, las posibilidades de que aparezca moho u otro tipo de agentes nocivos son muy bajas.

¿Se puede iniciar un cultivo partiendo del té de kombucha comercial?

En teoría, el proceso de elaboración del té de kombucha se podría iniciar solo con té fermentado (artesanal o industrialmente), sin disponer de un hongo madre, aunque hay que tener en cuenta que en este caso todo el proceso es mucho más lento. Con el tiempo, en la superficie del té comenzará a desarrollarse un hongo, siempre que el mencionado té esté «vivo», es decir, que no haya sido sometido a elevadas temperaturas o a cualquier otro proceso físico o químico que haya matado a las bacterias y a las levaduras contenidas en él (algo que podría ocurrir durante la pasteurización).

¿Qué tipo de olla de debe utilizar para preparar la mezcla de ingredientes?

Una de acero inoxidable o de cristal pírex. Jamás hay que emplear recipientes de aluminio ni de cerámica que puedan contener plomo.

¿Por qué el té de kombucha no puede tener contacto con metales?

Hay autores, como Colleen M. Allen, que a falta de estudios rigurosos al respecto, aportan una explicación bastante lógica a esta recomendación: ciertas sustancias presentes en el té, como el ácido glucurónico, se combinan con los átomos y moléculas de metales pesados presentes en nuestro cuerpo y también con las moléculas tóxicas no solubles en el agua, haciéndolas solubles y posibilitando así su expulsión del organismo. Esta acción benéfica deja de tener lugar si estos ácidos ya han reaccionado previamente con los iones metálicos procedentes del recipiente o de cualquier otro objeto de metal.

¿Es necesario hervir el agua que se utiliza en la preparación de la kombucha?
No. Basta con conseguir el punto de ebullición para empezar a preparar la mezcla. En caso de que el agua con la que se va a preparar el té no reúna las condiciones adecuadas, sí se recomienda hervirla previamente.

¿Se pueden utilizar tés aromáticos o de frutas para elaborar la kombucha?
No es lo más recomendable. Es necesario utilizar té negro solo o bien mezclado con té verde u otro tipo perteneciente a la familia *Camelia sinensis*. Algunos «kombucheros» han experimentado con diversos tés aromáticos y frutales; otros han añadido zumos de frutas al té original. Los resultados han sido diversos, aunque siempre interesantes, pero no se sabe con certeza hasta qué punto las cualidades saludables de tales fermentaciones siguen siendo idénticas a las de la kombucha «clásica» y original, hecha con azúcar blanco y té negro.

*¿Se puede sustituir el té normal por
té descafeinado (o sin teína)?*

No. Se debe usar siempre té normal. Aunque en principio esta opción puede resultar atractiva para las personas que quieren reducir el contenido de cafeína de la kombucha, en la mayoría de los casos (excepto en los «naturalmente descafeinados») estos tés se han tratado químicamente. El cultivo puede adaptarse a un té descafeinado, pero esta opción suele saldarse con un debilitamiento del *scoby* o una kombucha de sabor flojo.

*¿Puedo añadir azúcar moreno o miel
en lugar de azúcar blanco?*

Hasta ahora, los mejores resultados se han obtenido con azúcar blanco refinado. El azúcar moreno suele producir un té demasiado ácido y en cuanto a la miel, puede llegar a matar el cultivo, debido a sus propiedades antisépticas (no olvidemos que el hongo o *scoby* está formado en gran parte por bacterias, aunque en este caso sean benéficas). Además, la miel tiene su propio proceso de fermentación, que interfiere en el de la kombucha, alterando el resultado final.

¿Se puede cortar el hongo o scoby *a trozos?*

Sí, siempre que se emplee para ello un cuchillo de plástico. También se puede utilizar uno metálico o unas tijeras, pero asegurándose en ambos casos de que sean de acero inoxidable.

SOBRE LA FERMENTACIÓN

¿Qué tipo de recipiente es el más indicado
para realizar la fermentación?
Uno que no sea metálico. La mejor opción es el vidrio. Las ensaladeras grandes y las jarras de cristal son muy adecuadas. También se pueden emplear los frascos grandes diseñados para conservar pasta, legumbres, etc. en la despensa (sin usar la tapa). Otra opción son los recipientes de cristal de boca ancha, como los de las aceitunas y los pepinillos.

¿Puedo utilizar una vasija de cerámica para
guardar el líquido mientras se fermenta?
El problema de los recipientes de cerámica es que suelen contener plomo, y los ácidos de la kombucha pueden reaccionar con ese plomo, haciendo que una parte de él pase al té, algo que hay que evitar por todos los medios.

¿Cuál es la mejor forma de tapar el recipiente
en el que se realiza la fermentación?
El objetivo de tapar el recipiente es evitar que entren el polvo, las esporas, los insectos y determinados microorganismos que pueden «intoxicar» la mezcla, y permitir al mismo tiempo el contacto con el oxígeno y la salida del dióxido de carbono generado en el proceso de fermentación. Para ello se puede utilizar papel de

cocina doblado varias veces o cualquier tela limpia, y sujetar esta «tapa» con una goma o elástico para que quede tirante. Si se opta por la tela, el tipo de tejido más recomendable dependerá mucho del lugar donde se vaya a realizar la fermentación. Hay personas que utilizan tela para quesos (un tejido que puede entrar en contacto directo con los alimentos), pero hay quien considera que es demasiado abierta. Por el contrario, una tela demasiado gruesa puede «ahogar» el cultivo y favorecer por tanto la aparición del temido moho. Un trozo de muselina o incluso una camiseta vieja (bien lavada) pueden servir perfectamente. Nunca hay que tapar el recipiente con algo metálico o rígido.

¿Qué efecto tiene la temperatura sobre el proceso de fermentación?

Hay coincidencia entre los expertos en que la temperatura ideal para fermentar la kombucha oscila entre los 20 y los 30 ºC. Si la temperatura es inferior a los 20 ºC, el proceso metabólico de las bacterias transcurre de modo mucho más lento, lo que puede facilitar la aparición de moho. Por el contrario, si es mucho más elevada de los 30 ºC, ciertos componentes muy volátiles se evaporan, dando como resultado un té de inferior calidad. Por debajo de los 15 ºC y más allá de los 35, el cultivo suele desarrollarse muy lentamente.

¿Es necesario que la fermentación se realice totalmente en la oscuridad?

No, aunque sí es conveniente evitar los rayos directos del sol

¿Puedo fermentar la kombucha en la cocina?

No es aconsejable. Los humos y las grasas presentes en este ambiente pueden interferir en el proceso de fermentación.

¿Cómo puedo lograr un ambiente lo suficientemente cálido para el proceso de fermentación?

En los lugares muy fríos es necesario poner el recipiente de la fermentación dentro de una caja de cartón, con alguna fuente de calor cercana (por ejemplo, una bombilla de 25 vatios encendida dentro), y taparlo todo con una toalla para que no se pierda el calor.

¿Afecta el humo del tabaco a la kombucha?

Sí, y mucho. Es mejor colocarla en un lugar en el que nadie fume, pues el humo del tabaco generalmente mata al cultivo. Curiosamente, ni el humo de la chimenea ni otros tipos de humo, aunque lo afectan, tienen un resultado tan drástico.

¿Es necesario que el cultivo u hongo madre permanezca en la superficie durante la fermentación?

No. Al iniciar una fermentación, el hongo madre o *scoby* puede quedar en la superficie, con lo cual el nuevo hongo, u hongo hijo, nacerá pegado a él, o bien caer al fondo o permanecer flotando. Se trata de un aspecto que no es relevante.

Durante la fermentación se ha formado un nuevo disco en la superficie de la mezcla. ¿Es normal?

Sí. La formación de un nuevo disco depende del tipo de té utilizado y del tiempo que dure la fermentación. Al principio, este disco es fino (casi transparente) y gelatinoso (si se toma con la mano se escurre con facilidad), pero cuanto más tiempo se deje fermentar (no hay que hundirlo, sino que debe permanecer en la superficie), más se robustecerá y aumentarán su grosor y su firmeza

En caso de que durante la fermentación el recipiente se mueva o agite por alguna razón, ¿afecta al proceso?

No, siempre que se trate de una circunstancia puntual. Puede ocurrir que el nuevo disco que se está formando en la superficie se hunda y se vaya al fondo del recipiente, pero esto no altera en ningún sentido el desarrollo del proceso de fermentación.

El hongo tiene varios agujeros. ¿Afecta
esto a la eficacia del cultivo?

En absoluto. Los agujeros o desgarros ya existentes o que se produzcan al separar la madre del hijo no afectan a la capacidad de fermento del cultivo.

¿Qué aspecto tiene el moho que
contamina el cultivo de kombucha?

Suele formar una especie de islitas sobre el nuevo cultivo. Si se observa de cerca con una lupa, se aprecia un aspecto filamentoso. En cuanto al color, puede variar mucho: rojizo, marrón, amarillento, gris, verde o negro.

¿Qué debo hacer si surge moho?

Algunos recomiendan lavar cuidadosamente el cultivo con agua y vinagre y comenzar de nuevo la fermentación, pero la mayoría de los «kombucheros» son partidarios de desecharlo todo e iniciar una fermentación nueva, con un nuevo hongo madre y un nuevo té ya fermentado. Respecto a esto, hay que tener en cuenta que los ácidos de la kombucha reaccionan con el plástico de algunos recipientes y forman una sustancia oscura o negra en los bordes que algunas veces puede confundirse con moho. Tanto en este caso como si aparece moho sobre el disco, lo mejor es desprenderse de todo: cultivo, té y recipiente.

¿Es malo que el cultivo presente burbujas?

No, en absoluto. Se trata de un síntoma de «salud» de la kombucha. Las burbujas son resultado del dióxido de carbono, un gas que se produce durante la fermentación.

Mi cultivo está limpio por la parte de arriba; sin embargo, por debajo presenta como telarañas o patas de medusa de color marrón oscuro y aspecto repugnante. ¿Qué debo hacer?

Nada, ya que es algo perfectamente normal. Estas formaciones oscuras son células de levadura, que se pueden eliminar con la cuchara de madera o colando el té, aunque surgirán de nuevo, ya que son parte del proceso.

He seguido las instrucciones y el hongo parece normal, pero la kombucha huele horrible. ¿Qué debo hacer?

Tirarla a la basura. Si el olor o el sabor no son agradables, no hay que dudar en desprenderse del té y del hongo e iniciar una nueva fermentación con un nuevo cultivo y un nuevo té ya fermentado.

¿Qué cultivo debo usar para mi siguiente fermentación, la madre o el hijo?

Es indiferente. No hay ventajas ni inconvenientes en usar uno u otro, aunque cuando un hongo ha servido ya para cinco o seis fermentaciones parece que es conveniente desecharlo y comenzar a utilizar uno de los nuevos.

¿Por qué hay que añadir un poco de té ya fermentado para iniciar una nueva fermentación y qué cantidad se necesita?

El objetivo de este líquido de inicio es aumentar la acidez de la kombucha para evitar que crezca moho, ya que este microorganismo tiende a desarrollarse en un medio básico o alcalino, mientras que las bacterias necesitan de un medio ácido. Respecto a cuánto té fermentado hay que añadir, debe ser como mínimo un 10 %, aunque la cantidad ideal es el 15 % del líquido.

¿Se puede formar un cultivo hijo en una botella de té guardado (sin refrigerar)?

Sí, mientras siga habiendo azúcar en el líquido.

SOBRE LA CONSERVACIÓN Y COMPOSICIÓN

¿Se puede lavar el cultivo (hongo madre e hijo) con agua del grifo?

No se recomienda, ya que el cloro puede dañarlo. Lo mejor es lavarlo con agua destilada o hervida.

*Una vez el té esté ya fermentado, ¿lo
puedo guardar en el frigorífico?*

Sí, por supuesto. De hecho, es lo adecuado para
así ir consumiéndolo. Si se guarda en botellas o en recipientes cerrados, es conveniente que estos tengan un
tapón de corcho para evitar que estallen por la presión
del gas acumulado, sobre todo en caso de que no se
abran durante cierto tiempo.

*¿Durante cuánto tiempo se puede
mantener el té en el frigorífico?*

Hay autores, como Günter Frank, que aseguran haber conservado el té en su nevera durante casi un año.

¿Se puede congelar el té de kombucha?

No es aconsejable. Durante el proceso de congelación que tiene lugar en los refrigeradores domésticos
se forman cristales que pueden alterar la estructura de
algunas sustancias vitales contenidas en la kombucha.
Sin embargo, parece ser que el hongo o cultivo no se
ve afectado por la congelación, pues tanto las bacterias como las levaduras están acostumbradas a soportar
temperaturas muy bajas durante muchos meses al año
(su medio natural es el suelo de los campos). Al con-
gelarlos, sus procesos metabólicos se hacen más lentos
pero, al contrario de lo que ocurre con el calor, ni las
bacterias ni las levaduras mueren a causa del frío.

¿Se puede secar el cultivo?

Sí. Hay evidencias de que un hongo o *scoby* totalmente seco se rehabilita en cuanto se introduce de nuevo en un medio favorable, que le aporte té y azúcar suficientes.

Me voy un mes de viaje. ¿Se morirá
el cultivo de kombucha?

No. El hongo sigue vivo mientras tenga alimento (té y azúcar). A medida que el alimento comienza a escasear, el crecimiento del cultivo se estanca, pero no muere mientras quede agua y le llegue el oxígeno suficiente. Por supuesto, a la vuelta del viaje será necesario iniciar un nuevo cultivo, pues el poco líquido que quede en el recipiente de fermentación será puro vinagre. Al ausentarse, se pueden utilizar diversas estrategias para hacer que el proceso transcurra más lento. Entre ellas está la de guardarlo en un lugar frío —el sótano, por ejemplo— y ponerlo en un recipiente alto y estrecho. Como ya hemos visto, a menor contacto con el aire, más lentitud en la fermentación. Otra opción es crear un «hotel *scoby*» (ver el capítulo seis).

¿Se puede transportar un cultivo de kombucha
en un tarro de cristal cerrado?

Sí, pero no durante muchos días. No hay que olvidar que la kombucha necesita oxígeno y la falta de este le ocasiona la muerte.

¿Se puede utilizar indefinidamente un cultivo?

Al cabo de varios meses, la capacidad reproductora del hongo comienza a agotarse; por ello siempre es recomendable ir desechando los cultivos viejos o madres y quedarse con los hijos.

PARA NO OLVIDAR

- Aunque se denomina de forma distinta, cultivo, hongo (tanto madre como hijo), *scoby* o disco son lo mismo: el conjunto de microorganismos a partir del cual se desarrolla la fermentación, cuyo resultado es el té de kombucha.

- Una vez que se hace el primer cultivo, la «relación» que se establece con la kombucha puede durar toda la vida, ya que en cada proceso de fermentación se desarrolla un nuevo hongo que, a su vez, se puede utilizar para elaborar nuevas kombuchas.

- Es importante tener en cuenta que la manipulación y los métodos de conservación son distintos si el objetivo es utilizar la kombucha para consumirla a diario (en cuyo caso hay que guardarla en la nevera) o se desea «trabajarla»: obtener un nuevo cultivo, añadir sabor y burbujas, someterla a una segunda fermentación...

SOBRE CÓMO CONSUMIR LA KOMBUCHA

¿Cuánto té de kombucha puedo tomar al día?

La primera semana es conveniente no tomar más de 100 ml diarios (un tercio de vaso). Posteriormente, se podrá ir aumentando la dosis. Algunas personas siguen tomando siempre un sorbito cada día, mientras que otras llegan a beber un litro o más. Nuestro consejo es que durante las primeras semanas se consuma con prudencia, y se vaya aumentando luego la cantidad poco a poco. Aunque no hay constancia de efectos negativos serios, si se toma al principio una cantidad mayor de la aconsejada, pueden surgir reacciones, como un ligero mareo, dolor de cabeza y movimientos intestinales extraños.

¿Es necesario colar el té antes de tomarlo?

No hace falta. Las fibras que pueden haberse formado en él mientras está en la nevera no son en absoluto nocivas. Pero si se desea, se puede colar con un filtro o colador no metálico.

¿Se puede calentar el té de kombucha?

No. Al calentarlo se destruyen las enzimas y bacterias beneficiosas que contiene. Al parecer, la temperatura máxima que soporta la kombucha sin perder sus cualidades es la misma que el yogur: 44 °C.

¿Qué momento del día es más apropiado para tomar el té de kombucha?

En principio no hay nada establecido en este sentido. Algunas personas lo toman por la mañana, después de levantarse y en ayunas, mientras que otras lo hacen tres veces al día. Existe la creencia, no contrastada, de que tomar el té de kombucha media hora antes de las comidas ayuda a perder peso, debido tal vez a su posible efecto saciante.

¿Puedo diluir el té en zumo de fruta si está demasiado ácido?

Sí, pero directamente en el vaso en el momento de tomarlo. Jamás se debe añadir ningún tipo de zumo ni cualquier otro líquido al recipiente en el que se guarda el té en el frigorífico. Hay que tener en cuenta que, aunque ralentizado por la baja temperatura, el proceso de fermentación sigue estando activo, y lo más probable es que al añadirle alguna sustancia ajena a su composición se produzcan reacciones extrañas que posiblemente arruinen la calidad de la bebida.

¿Por qué se recomienda aumentar el consumo de agua cuando se toma habitualmente kombucha?

En efecto, es muy importante consumir al menos dos litros de agua al día. La razón es que el proceso de desintoxicación que la kombucha desencadena en el organismo necesita de esa agua para eliminar las toxinas y expulsarlas del cuerpo. Son muchas las personas que hacen caso omiso a esta advertencia y, a las pocas semanas, se encuentran con serios problemas de deshidratación que pueden incluso requerir atención médica. No lo olvides: si tomas kombucha, bebe también mucha agua.

¿Puedo hacer un ayuno solo a base de té de kombucha?

Únicamente si se toman también enormes cantidades de agua; de lo contrario, podrían crearse graves problemas de salud. Recuerda que todo ayuno debe realizarse siempre bajo supervisión médica.

¿Los niños pueden tomar té de kombucha?

Los niños menores de diez años (cinco, según otros autores) no deberían beber kombucha. Sin embargo, hay algunas evidencias que apuntan a que esta bebida puede ser muy eficaz para los adolescentes con acné.

¿Pueden tomarlo las mujeres embarazadas?

No está recomendado tanto por su ligero contenido en alcohol como porque aún se desconoce qué tipo de efectos podría tener su consumo sobre el feto.

¿Pueden los diabéticos o prediabéticos tomar té de kombucha?

Günter Frank dedica un capítulo completo de su libro a este tema, en el que se recoge que «los enfermos de diabetes pueden, según la opinión experta de los médicos, tomar la kombucha bien fermentada, igual que la leche agria, pues el azúcar inicialmente contenido en el té se ha descompuesto ya en el proceso de fermentación». Es decir, sí pueden, pero siempre que la kombucha esté bien fermentada y preguntando antes a su médico.

¿Es la kombucha una bebida apta para las personas con problemas de alcoholismo?

No es aconsejable, del mismo modo que tampoco se recomienda, por ejemplo, el consumo de cerveza sin alcohol.

SOBRE SUS PROPIEDADES Y EFECTOS

¿Qué cantidad de azúcar y de alcohol hay en el té?

La kombucha, una vez fermentada, aporta aproximadamente 3 g de azúcar por cada 100 ml y alrededor de un 0,5 % de alcohol.

¿Por qué la kombucha es una bebida con un toque efervescente?

Se debe a la presencia de dióxido de carbono (CO_2) procedente de la fermentación y más concretamente como consecuencia de la interacción de las bacterias y levaduras con el azúcar. A medida que se va formando

KOMBUCHA: MANUAL DE USO

una nueva capa en la parte superior del hongo —el «hijo»—, este va atrapando gases debajo de él. De hecho, es habitual observar fácilmente las burbujas bajo esta nueva capa.

¿Por qué los tés de kombucha comercializados pueden no tener las mismas propiedades que los que se cultivan de forma artesanal?

La mayoría de estos productos están pasteurizados, y el proceso de pasteurización, fundamental para la conservación de los alimentos, se caracteriza por eliminar todos los microorganismos, pero lo hace de forma indiscriminada, matando no solo a aquellos que son claramente nocivos sino también a muchas de las bacterias y levaduras que resultan esenciales para el proceso de fermentación de la kombucha. Desde el punto de vista comercial, estos productos tienen la ventaja de no contener filamentos y otros restos procedentes de la fermentación que sí están presentes en la kombucha tradicional y, además, por lo general tienen un sabor más consistente, que se intensifica con el paso del tiempo.

Respecto a la pérdida o no de propiedades que supone el proceso de pasteurización, hay posturas enfrentadas: los defensores de este procedimiento recuerdan que la mayoría de los vinos y cervezas (bebidas también procedentes de la fermentación) son productos pasteurizados y ponen en duda el argumento de que los ácidos saludables de la kombucha pueden no sobrevivir a la pasteurización. Pero la mayoría de los expertos en este tema cuestionan que las propiedades probióticas de la kombucha se mantengan tras este procedimiento.

En este sentido hay que recordar que actualmente la industria alimentaria recurre fundamentalmente a dos procesos de pasteurización: el químico y el térmico. En la pasteurización química se añaden sulfitos para eliminar los microorganismos, mientras que en la pasteurización térmica el líquido se mantiene a una temperatura determinada durante un periodo de tiempo específico. Algunos productos emplean la estrategia de pasteurizar la kombucha con alguna de estas técnicas añadiéndole después probióticos cultivados en el laboratorio. La elección final, como siempre, depende del consumidor.

¿Se conoce algún efecto secundario negativo derivado del consumo de kombucha?

Algunas personas han presentado reacciones de tipo alérgico, pero se trata de casos muy particulares y aislados, en los que ni siquiera se ha demostrado que la causa haya sido el consumo del té de kombucha.

¿Qué es lo que puede hacer tóxico al té de kombucha?

El té de kombucha puede convertirse en tóxico si se contamina por mohos. La mejor forma de evitarlo es añadir un 10-15 % de té ya fermentado al líquido que se va a fermentar. Ninguno de los microorganismos peligrosos puede vivir en un medio con un pH inferior a 4.

¿Qué hay de cierto en la creencia de que
la kombucha puede aumentar de forma
peligrosa la acidificación del organismo?

Nunca hay que perder de vista la maravillosa capacidad de autorregulación de nuestro organismo. Es cierto que los cambios significativos en el pH interno pueden ser indicativos de enfermedad, pero con el objetivo de mantener el pH en sus niveles adecuados (independientemente de los alimentos y la dieta que se lleve, así como de otras circunstancias), el cuerpo activa de forma natural sus sistemas de desintoxicación (pulmones, riñones y aparato digestivo, principalmente) para procesar los restos ácidos, esto es, los residuos procedentes de ciertos alimentos y también presentes en el organismo como subproducto de los procesos metabólicos.

Actualmente hay abierto un debate sobre si las llamadas dietas ácido/alcalinas son beneficiosas para la salud, pero sabemos que cuando la comida es procesada por el intestino, sus componentes pueden dejar residuos que son tanto ácidos como alcalinos. Si no se eliminan adecuadamente, el organismo puede enfermar a causa de estos residuos, una posibilidad que, según los partidarios de este tipo de dietas, puede eliminarse centrándose en el consumo de alimentos de uno u otro tipo. Frente a ellos, los detractores de esta teoría insisten en que determinadas moléculas se encargan de compensar las situaciones que puedan variar la acidez el organismo, ya que el 7,4 (nivel ideal de pH) es una de las constantes más estables del cuerpo humano, que solo se altera en situaciones críticas de extrema gravedad. Volviendo a la kombucha, y como se desprende de lo expuesto anteriormente, no es verdad que haga descender el pH corporal hasta llevarlo a límites acídicos. Es cierto que tiene un pH bajo, pero los residuos que deja son tanto ácidos como alcalinos, y en este sentido tiene un efecto similar al de, por ejemplo, el zumo de limón o el vinagre de sidra.

¿Es verdad que la kombucha es una bebida «milagrosa» que cura prácticamente todas las enfermedades?

Hay una idea que ya he apuntado anteriormente, pero que conviene recordar aquí para tenerla muy clara: el té de kombucha no es un «brebaje milagroso» ni tampoco una panacea. De hecho, se puede decir que no cura nada. Su efecto en el organismo es otro: desintoxica gradualmente el cuerpo, lo que tiene como consecuencia un refuerzo del sistema inmunitario. Además, la kombucha es un adaptógeno, y los adaptógenos son plantas o compuestos que se ajustan a tres criterios importantes: no son tóxicos, no son específicos (funcionan en todo el organismo, en lugar de hacerlo solo en una parte o sistema) y ayudan a mantener la homeostasis (equilibrio interior). Esto significa que si, por ejemplo, se necesita perder peso, la kombucha podría ayudar a hacerlo (en el sentido de acelerar el proceso de eliminación de toxinas y demás), de la misma forma que, a la inversa, podría ayudar a engordar si eso es lo que realmente necesita el organismo para restablecer su equilibrio.

SOBRE LA SABORIZACIÓN, VARIEDADES Y SEGUNDA FERMENTACIÓN

¿Se pueden añadir ingredientes para saborizar la kombucha durante la primera fermentación?
Las opciones de ingredientes para saborizar la kombucha en la fermentación secundaria son enormes, pero no todos los nutrientes son iguales ni funcionan igual, de ahí que en las condiciones que caracterizan a la primera fermentación (es decir, la que produce la kombucha básica) no esté aconsejado alterar la fórmula inicial. Por ejemplo, muchas de las frutas, raíces, especias o hierbas más comunes tienen propiedades antimicrobianas, lo que si bien es muy beneficioso para la salud, en la kombucha puede alterar esa peculiar simbiosis que se desarrolla entre bacterias y levaduras durante la fermentación. Por ello, y aunque hay muchos expertos en el tema que la saborizan desde el principio, lo más recomendable es realizar la primera fermentación a partir de los ingredientes básicos (cultivo y sustrato) y té negro, verde o de otro tipo, y reservar las innovaciones y la creatividad para la segunda fermentación.

¿Qué cantidad de azúcar hay que añadir a la bebida durante la segunda fermentación?

La cantidad de azúcar añadida a las botellas durante la segunda fermentación determinará en parte la cantidad de burbujas que tendrá la bebida final y también la velocidad a la que se alcanzará este nivel de gasificación. En cuanto a la cantidad, depende del gusto personal y también del resto de los ingredientes que se van a incorporar a la mezcla.

¿Tiene algún beneficio añadido saborizar la bebida con frutas u otros alimentos de temporada?

Es una recomendación muy extendida la de dar preferencia al consumo de frutas, verduras y otros alimentos de temporada como una buena opción para potenciar una dieta saludable, y en este sentido saborizar la kombucha con este tipo de nutrientes supone una excelente elección, tanto desde el punto de vista nutricional como práctico, pero no afecta de forma significativa al proceso de saborización en sí mismo.

En la preparación «tipo» de la kombucha, ¿se puede emplear fruta como fuente primaria de azúcar?

El azúcar natural está presente en distintos alimentos, y en el caso de la fruta lo hace en forma de fructosa. Aunque tradicionalmente todo el proceso que se desencadena durante la fermentación y que da lugar a los efectos beneficiosos de la kombucha se vincula a la utilización de azúcar de caña (el blanco), hay evidencias de que también se puede conseguir la fermentación directa sustituyendo este azúcar por la de la fruta (fructosa). Esta es una opción que resulta muy atractiva para aquellas personas que quieren evitar cualquier tipo de azúcares procesados en su alimentación o para quienes simplemente disfrutan experimentando con diferentes técnicas de fermentación. En este caso se puede optar por utilizar trocitos pequeños de la fruta elegida, incorporándola directamente al té (la proporción recomendada es sustituir los 100 g de azúcar por 200 g de fruta), o bien añadir zumo de fruta concentrado. Si se opta por el zumo, hay que tener en cuenta que la concentración de fructosa normalmente varía, así que no se puede ofrecer una medida estándar, pero por lo general se calcula que una taza de zumo proporciona la cantidad de azúcar necesaria para desarrollar la fermentación. En este caso se recomienda preparar el té un 50 % más fuerte, añadiendo una o dos bolsitas más, para así mantener el equilibrio de sabor. Eso sí, hay que tener en cuenta que el equilibrio del *scoby* puede debilitarse si se utiliza este método, así que se recomienda tener a mano una reserva de cultivo y líquido de inicio y, como siempre que se hacen innovaciones o experimentos, no almacenar el *scoby* empleado para llevar a cabo esta fermentación «frutal» junto al resto de los hongos.

Capítulo 8

SABORES Y VERSIONES

Uno de los secretos que hacen tan atractiva a la kombucha, además de todos los beneficios saludables que ya hemos visto, es que ofrece la posibilidad de añadirle sabores de todo tipo y también de hacerla más carbonatada (conseguir que tenga más burbujas). Para muchos autores, la saborización de la kombucha no solo es la parte más divertida y creativa de todo el proceso sino que, además, con ello se consigue que la bebida pase de excelente a extraordinaria.

CÓMO AÑADIR SABOR (Y COLOR) A LA KOMBUCHA

Una vez terminado el proceso de fermentación, hay dos opciones para degustar la kombucha: consumirla tal cual (una vez retirado el disco) o endulzarla o añadirle distintos sabores. Para ello, es necesario incorporar al té nuevos ingredientes que van desde el azúcar (o sacarina, si se quiere una versión ligera) hasta frutas y verduras (en trocitos o como zumo), hierbas, especias o extractos. Y, de nuevo, hay dos opciones: añadir los ingredientes y saborizantes directamente en el vaso en el que se va a beber la kombucha, justo antes de tomarla, o proceder a una segunda fermentación, que consiste básicamente en incorporar estos ingredientes, guardar la mezcla en una botella con cierre hermético y dejarla fermentar a temperatura ambiente (nunca en la nevera, ya que ahí solo debe conservarse la kombucha pura, es decir, el té base procedente de la fermentación, sin ningún añadido). Esta segunda fermentación puede durar entre dos y catorce días, dependiendo de la intensidad de sabor que se busque.

OPCIONES PARA SABORIZAR

La kombucha es una bebida muy versátil, que combina muy bien y se adapta a prácticamente todo tipo de sabores —frutas, verduras, especias, etc.—, ofreciendo la posibilidad de dejar volar la imaginación a la hora de incorporar modalidades a la infusión base. Pero además de esta versatilidad, los componentes beneficiosos presentes en los ingredientes saborizantes —nutrientes, antioxidantes, minerales y similares— son absorbidos por la kombucha y descompuestos de manera que se asimilan mejor por parte del organismo.

Antes de comentar los ingredientes que combinan mejor con esta bebida, hay que tener en cuenta una serie de aspectos referentes a la saborización:

- Tanto el tipo de ingredientes como la cantidad añadida es algo que depende del gusto particular, pero no hay que perder de vista que en la mayoría de los casos menos es más, es decir, con poca cantidad basta.

- La proporción general recomendada es que estos ingredientes añadidos supongan un 5 % o menos del volumen total de la botella o recipiente, aunque esta medida se debe ajustar en función de la opción elegida: si se emplean zumos, la proporción adecuada es de un 10-20 % de zumo y un 80-90 % de kombucha. En el caso de la fruta, ya sea fresca, congelada o deshidratada (hay que tener en cuenta que esta proporciona menos sabor), los mejores resultados se consiguen con una proporción de un 10-30 % de ingrediente y un 70-90 % de kombucha. Para los extractos aromáticos, la cantidad adecuada es un cuarto de cucharadita por taza de kombucha, mientras que cuando se trata de hierbas no hay estándares establecidos, ya que depende de la fuerza e intensidad de cada una, así que lo mejor es ir ajustando la proporción según el gusto personal mediante el método de ensayo y error.

- El tamaño del ingrediente en cuestión también juega un papel importante en la intensidad o sutileza del sabor añadido a la kombucha: cuanto más pequeño sea el tamaño del ingrediente o de los trozos de este, mayor es el área de superficie y, por tanto, más fácil será la descomposición de los agentes saborizantes durante el proceso de fermentación (es decir, más intenso es el sabor).

- Los purés de fruta y los zumos, así como las hierbas en polvo y las especias, son los que aportan más intensidad de sabor y, por tanto, conviene usarlos en poca cantidad y, una vez terminada la segunda fermentación, tener mucha precaución al abrir la botella, ya que también suelen dar lugar a bebidas muy carbonatadas.

- Aunque los ingredientes se pueden utilizar de distintas maneras, lo más recomendable es recurrir siempre que sea posible a la fruta y las hierbas frescas. En el caso de las frutas, hay que darles uno o varios cortes (nunca añadirlas enteras) para permitir así que los polifenoles y otros nutrientes se fundan e integren más fácilmente con la bebida.

- Algunos ingredientes saborizantes aportan en sí mismos el equilibrio justo de azúcares y nutrientes, y en este caso la refrigeración no bloquea la fermentación secundaria. Es lo que ocurre, por ejemplo, cuando se juntan las fresas y el jengibre. Cuando se encuentre un sabor o combinación de ingredientes que fermentan tan rápidamente, como en este caso, y para evitar que se transformen en vinagre, lo mejor es saltarse el paso de la segunda fermentación y meter la mezcla directamente en la nevera (hay que tener en cuenta que puede tardar más tiempo en alcanzar el nivel adecuado de burbujas, pero se puede beber perfectamente). Controlar todas estas variables es cuestión de práctica.

LISTA DE INGREDIENTES

Frutas

Cítricos. Este grupo de frutas se complementa muy bien con el sabor de la kombucha, y le aporta un agradable toque refrescante y floral. Una de las más utilizadas es el pomelo, sobre todo el rosa, que es más dulce y le da una nota de color intenso a la bebida. Si se añade a la kombucha el zumo de un pomelo con una pizca de sal marina, el sabor mejora mucho. El kiwi también potencia tanto el sabor como el aporte nutricional de esta bebida. Se añade quitándole la piel pero no las semillas, ya que estas son muy ricas en vitamina A. En cuanto al limón, se recomienda añadir el zumo (si se busca un toque de sabor más ligero) o la cáscara (si se quiere un sabor más intenso); la pulpa resulta demasiado amarga. Una opción es combinar el zumo de limón con hierbas, para conseguir unas peculiares notas de sabor. Tanto la lima como la mandarina añaden un toque floral y refrescante que se acopla muy bien al sabor exótico y peculiar de la kombucha, especialmente en verano. El zumo de naranja recién exprimido es también una buena combinación, y si se añade un poco de cáscara el sabor se potencia aún más. Se puede utilizar zumo natural envasado, siempre que no tenga pulpa. Si se emplea la naranja fresca, hay que cortarla en trozos y poner el doble de la cantidad recomendada (el equivalente al 10 % del total del contenido).

Frutas tropicales. Todas se funden a la perfección con la base de té y las burbujas de la kombucha, y además potencian sus propiedades nutricionales. Una de las mejores opciones es el *açai*, por dos razones: el agradable toque dulce y la atractiva tonalidad azul que proporciona a la mezcla. Lo mejor es incorporarlo en forma de zumo o congelado, ya que esta fruta contiene aceites naturales que, cuando se utiliza fresca, pueden «separarse» de la mezcla y alterar su homogeneidad. También es muy indicado el tamarindo, cuya pulpa es una excelente fuente de antioxidantes y que aporta a la kombucha una agradable esencia tropical. El mango es otro saborizante estrella; lo mejor es incorporarlo en pequeños trozos, fresco o congelado, ya que su textura carnosa potencia el sabor y añade a la mezcla un atractivo color dorado, un efecto similar al que produce la papaya, rica en vitamina C, carotenoides, folatos y fibra. La fruta de la pasión también mejora el sabor de la kombucha y le proporciona además vitaminas A y C y hierro. Se recomienda perforar la pulpa fresca con la ayuda de un tenedor para así liberar todo el néctar. Se pueden añadir las semillas, ya que son comestibles. El caqui contiene catequinas y vitamina C. Se incorpora sin piel a la bebida, a la que le da un toque que recuerda a las flores y a las ciruelas.

Bayas o frutas del bosque. Suponen una fuente extraordinaria de vitamina C, la cual, además de ser un poderoso antioxidante, interviene en la formación de colágeno, huesos, dientes y glóbulos rojos. También contienen pectina, un tipo de fibra que ayuda a regular el tránsito intestinal y a disminuir el nivel de colesterol. Asimismo, son ricas en diversos ácidos orgánicos (cítrico, málico, tartárico) que les dan su peculiar sabor y tienen efectos depurativos a nivel estomacal, intestinal, renal, etc. Una de las mejores combinaciones se obtienen con las moras (enteras, en zumo o trituradas), que añaden sabor y color y multiplican la acción antioxidante. Se puede reducir un poco el excesivo amargor que aporta la mora añadiendo salvia fresca. Un efecto similar se consigue con los arándanos en trozos, en zumo, congelados o deshidratados. En cuanto a las frambuesas, la mejor forma de optimizar su sabor es incorporarlas a la kombucha mezcladas con jengibre.

Manzana y pera. El nivel de sabor que aporta la manzana dependerá de su variedad. Lo mejor es usarla fresca, sin piel ni corazón, y cortada a dados. En cuanto a la pera, dulcifica la acidez de la kombucha. Puede incorporarse fresca (sin piel ni semillas), pero su sabor se potencia más en forma de zumo.

Melón. Proporciona al líquido de la kombucha un tono verdoso. Es una fruta muy rica en azúcares, así que tanto para evitar un exceso de este nutriente como para concentrar el sabor, lo mejor es añadir la mitad de la cantidad recomendada. El resultado se potencia si se combina con unas flores de hibisco.

Melocotón y albaricoque. Como todas las frutas carnosas, lo mejor es añadirlos frescos y en trozos (sin piel). Secos (orejones) son también una sabrosa opción. Se trata de frutas con alto contenido en azúcar, así que se debe añadir la mitad de la cantidad recomendada.

Piña. Su dulce y característico sabor equilibra al de la kombucha y le da un toque con reminiscencias a tarta o pastel. Se puede usar fresca, en conserva (descartando el líquido) o congelada. El zumo también va bien, pero en poca cantidad para evitar un exceso de carbonatación. La pulpa puede dejar residuos, así que es mejor colarlo antes. Combina a la perfección con el resto de las frutas tropicales.

Plátano. La mejor opción es utilizar la fruta fresca, cortada en trozos. Añade un plus de dulzor a la kombucha, y cuanto más maduro es el plátano, más dulce y carbonatada será la bebida final.

Fresas. Frescas o congeladas, suavizan notablemente la acidez de la kombucha y proporcionan, además de una «inyección» de nutrientes, un sugerente tono rosa a la bebida. La mezcla de la fresa con las burbujas recuerda vagamente al sabor del champán.

Flores, hierbas y especias

Menta. Rica en antioxidantes, contiene un descongestionante natural (el mentol) que envuelve a la kombucha en un halo refrescante. Combina muy bien con otros ingredientes, como la manzana y el melón.

Caléndula. Sus hojas proporcionan un toque chispeante a la kombucha. Forma un exquisito tándem con las frutas de color amarillo y naranja.

Canela. Se trata de uno de los saborizantes estrella, ya que con ella el sabor de la bebida fermentada mejora en gran medida. Se pueden añadir trozos de canela en rama en la primera fermentación para reducir el efecto del ácido acético y suavizar la bebida, pero lo mejor es incorporarla como saborizante en la segunda fermentación, ya que de esta forma su sabor se fusiona mejor con el de la kombucha. La canela combina muy bien con una variedad casi ilimitada de ingredientes. Una de las mezclas más celebradas por los «kombucheros» es la que se obtiene al mezclarla con vainilla (en rama), pues produce una agradable reminiscencia cremosa.

Clavo. Su cálido sabor y su aroma a pino se fusionan muy bien con el té. Debido a su riqueza en aceites naturales, solo se necesitan entre dos y cuatro clavos para sacarle todo el partido a su esencia.

Flor de saúco. Además de su agradable toque de sabor, contiene unas levaduras naturales que potencian la carbonatación.

Hibisco. Su flor proporciona a la kombucha un tono rosa profundo, a lo que hay que sumar su sabor penetrante.

Lavanda. Su maravillosa esencia y su sabor ligeramente mentolado brindan un sabor embriagador que transforma la naturaleza ácida de la kombucha, creando así un delicioso contraste. Este efecto se potencia si se añaden las hojas frescas y las flores.

Otros ingredientes

Jengibre. Es, sin duda, y junto a la canela, uno de los saborizantes estrella, cuyo sabor, según los expertos, es el que mejor se complementa con el de la kombucha y, también, el que admite más posibilidades de combinación. Se suele añadir en polvo, rallado o cortado en pequeños trozos. Otra opción es el zumo de jengibre fresco, mezclado con especias, que añade un original dulzor a la bebida.

Lúpulo. Con él se prepara lo que se conoce como «kombucha de los cerveceros». Se utiliza el lúpulo entero y deshidratado, con el que se obtiene una deliciosa versión, a medio camino entre la cerveza y una tisana floral.

Aguacate. Uno de los alimentos que cuentan actualmente con más adeptos también complementa muy bien los efectos de la kombucha, ya que suaviza la acidez y proporciona cuerpo al sabor final. Lo mejor es incorporar la carne en forma de puré.

Cacao. Aumenta el valor nutricional de la kombucha ya que es rico en teobromina (un alcaloide similar a la cafeína), antioxidantes y aminoácidos «aliados del buen humor», como el triptófano. El cacao puro, además, no tiene azúcares añadidos y aporta un ligero toque amargo. Mezclado con la kombucha (rallado o en polvo), la convierte casi en una golosina. Con él, además, se puede transformar la kombucha en un original refresco si se combina con frutas dulces y se toma muy frío.

Agua de coco. Refrescante y muy hidratante, es rica en magnesio y potasio, por lo que mezclada con la kombucha puede transformarla en una excelente bebida reconstituyente para tomar después de hacer ejercicio. Es importante eliminar la pulpa; para ello, debe colarse antes de mezclarla con el té fermentado.

Café. Su sabor amargo equilibra la acidez de la kombucha. Se pueden obtener opciones más dulces incorporándolo junto a una rama de vainilla (en trocitos) o un poco de cacao en polvo. Los más osados, o virtuosos en el arte de la kombucha, pueden atreverse a utilizar café en la primera fermentación.

Zanahoria. Aunque puede resultar extraña como opción para saborizar, la zanahoria aumenta el valor nutricional de la kombucha y, además, le añade sabor y dulzor. Para optimizar este toque dulce, lo mejor es añadirla en forma de zumo. Se puede complementar con unos trozos de naranja y unas hojas de tomillo.

Cayena. Tiene la propiedad de estimular el metabolismo y le da un toque caliente y picante a la kombucha. Basta con una pizca (un cuarto de cucharadita) para conseguir este efecto. Combina muy bien con el vinagre de kombucha.

Tomate. Aunque añadir un alimento ácido como el tomate a la kombucha puede parecer redundante, si se acompaña de las especias adecuadas, el dulzor oculto del tomate sale a relucir; combina muy bien con las kombuchas saborizadas no para beber sino para utilizarlas como aderezo y en vinagretas, añadir un toque distinto a las sopas y aliñar ensaladas de una manera original.

Tisanas, infusiones y siropes. Son una manera rápida, sabrosa y eficaz de saborizar la kombucha. Las tisanas o infusiones se preparan introduciendo extractos de plantas o hierbas en agua caliente, lo que favorece la optimización de sus ingredientes activos.

Aunque se puede emplear prácticamente cualquier infusión, las más adecuadas para potenciar el sabor de la kombucha son la de hibisco, menta y flor de saúco. Cualquiera de ellas puede añadirse, una vez frías, directamente a la bebida. Estas preparaciones tienen la ventaja de que permiten controlar fácilmente la intensidad de sabor: cuanto más tiempo permanezca la hierba o planta en el agua, más intenso será el sabor de la tisana y, por tanto, el de la kombucha.

En cuanto a los siropes, se trata de líquidos espesos y densos que también se pueden añadir directamente al té de kombucha y que le aportan, por un lado, un toque intenso de sabor y, por otro, un contenido extra de azúcar que puede aumentar la efervescencia, además de minimizar la acidez. Elaborar siropes a partir de tisanas o decocciones es muy sencillo: simplemente hay que dejar reposar el ingrediente saborizante durante más tiempo para así conseguir un sabor más intenso. Después, añadirle azúcar, en una proporción equivalente (una taza de azúcar por una taza de líquido), y cocer el líquido a fuego lento durante aproximadamente treinta minutos, hasta que la mezcla adquiera la característica textura densa y concentrada del sirope. Debe añadirse aproximadamente 30 g de sirope por cada litro de kombucha. Hay que tener en cuenta que, en este caso, el proceso de saborización puede ser más prolongado, debido a la cualidad de conservante natural del azúcar contenido en el sirope. Por tanto, si se usa sirope como saborizante, es muy importante respetar las cantidades, ya que un exceso de azúcar puede alterar negativamente el sabor y la composición de la kombucha.

LA SEGUNDA FERMENTACIÓN

El secreto de esta segunda fermentación, en la que no hay que añadir un nuevo hongo o *scoby*, radica en que, en las condiciones ambientales adecuadas, las bacterias y levaduras siguen muy activas y continúan potenciando el sabor de los ingredientes o sustancias añadidos. Además, dan lugar a una bebida más carbonatada.

Técnicamente, la segunda fermentación es una extensión de la primera. La principal diferencia entre ambas fermentaciones es la mayor presencia de burbujas: las levaduras presentes en la kombucha siguen ahí, haciendo su trabajo y transformando los residuos de nutrientes contenidos en la bebida en CO_2, y ese CO_2 es el que, al destapar la botella de la segunda fermentación, produce la burbujeante sensación que la caracteriza.

Hay que tener en cuenta una serie de cuestiones respecto a esta segunda fermentación:

- El tipo de recipiente en el que se realiza es muy importante, teniendo en cuenta que durante este proceso las levaduras van a carbonatar la bebida, así que no vale cualquier botella.

• Muy importante: antes de mezclar cualquier saborizante hay que asegurarse de eliminar el hongo o *scoby* de la primera fermentación y también de retirar el líquido suficiente para comenzar un nuevo lote.

• Por tanto, con este método no hay riesgo de que el *scoby* se contamine por la acción de los ingredientes añadidos, ya que lo hemos retirado antes de añadir los agentes saborizantes. Además, debido a que el saborizante pasa menos tiempo en la bebida (de uno a cuatro días) y a que el té ya posee las condiciones de fermentación necesarias, la posibilidad de que aparezcan mohos y otros microorganismos indeseables es prácticamente inexistente.

• Lo habitual es añadir directamente los agentes saborizantes a la botella y dejar que la segunda fermentación se produzca ahí, pero si se tiene la intención de almacenar la kombucha embotellada durante varias semanas, la mejor opción es siempre colar los ingredientes antes de embotellar el té, ya que algunos de ellos pueden descomponerse con el tiempo y dar lugar a sabores y olores desagradables. Además, la bebida se verá más limpia y con mejor aspecto, sin restos de cortezas, bayas, flores o trozos de fruta flotando.

Procedimiento

Esto es lo que debes hacer para llevar a cabo una segunda fermentación sin problemas:

- Es en el momento del embotellado cuando hay que agregar directamente los ingredientes saborizantes, aunque hay algunos que se pueden mezclar en un bol antes de introducirlos en la botella; es el caso de los zumos, los purés y los aromas en polvo, que se mezclan en la solución (el té de kombucha) base. Los saborizantes de más tamaño, como la fruta (en trozos, deshidratada o liofilizada), las rodajas de raíces como el jengibre, o las hierbas (enteras) deben añadirse a cada botella individualmente.
- Lo mejor es saborizar botella a botella. Sí, es un método que da un poco más de trabajo, pero a cambio ofrece la posibilidad de experimentar y variar, innovando en cada botella. Esta saborización individual permite además probar diferentes concentraciones de los mismos ingredientes ya que en el caso de la kombucha es sorprendente los distintos matices de sabor que se pueden conseguir tan solo con modificar ligeramente la cantidad del ingrediente añadido.
- Un truco para saber cómo va el proceso de saborización es reservar una cantidad en una botella de plástico —el resto, en cristal—. De esta forma

se puede comprobar cómo a medida que la segunda fermentación va progresando y, por tanto, la presión (carbonatación) de la bebida es mayor, la botella resulta más dura al tacto. Cuando la botella de plástico alcance su máxima dureza, indicará que la bebida está lista sin necesidad de abrir las otras botellas.

- Hay expertos que recomiendan utilizar un filtro de levaduras en esta segunda fermentación. Hacerlo o no depende del gusto personal. Si bien filtrar la kombucha la clarificará, dándole un aspecto más limpio, es algo que no afecta ni a sus propiedades ni tampoco a su efervescencia. Por otro lado, hay que tener en cuenta que el filtrado puede reducir la velocidad y el grado de fermentación secundaria. En caso de que se decida filtrar la bebida, lo mejor es hacerlo antes de añadir los ingredientes saborizantes.

- Tapar las botellas. Es importante cerrarlas bien, pero sin demasiada fuerza, ya que a medida que el proceso de la segunda fermentación progresa, la presión aumenta, y si el recipiente está cerrado de forma demasiado hermética, puede explotar. La presión debe ser la suficiente como para crear un sello.

- Las botellas de la segunda fermentación se deben guardar en un lugar fresco, pero no refrigerado.

- ¿Cuándo termina la segunda fermentación? Tanto las variables como el punto de dulzor que se quiere que tenga la bebida dependen principalmente del tipo de ingredientes y de las condiciones en las que se lleva a cabo la segunda fermentación. Saber el punto exacto en el que la bebida está lista es algo que depende del método de ensayo y error, aunque una regla que puede servir de guía en este sentido es que un buen momento es entre dos y cuatro días, en un ambiente fresco, para las preparaciones azucaradas y entre siete y catorce para aquellas que no lleven azúcar añadido.

- Cuando la bebida está preparada, se detiene la segunda fermentación, se cuelan los ingredientes saborizantes y se guarda en la nevera.

PARA NO OLVIDAR

Estos son los pasos que debes seguir para realizar la segunda fermentación:

1. Fermentar la kombucha de la forma habitual (primera fermentación).
2. Retirar el scoby y reservar el líquido de inicio.
3. Añadir los ingredientes saborizantes.

4. Sustituir la cobertura (de tela o papel) y colocar la tapa original del recipiente.
5. Dejar reposar la mezcla entre uno y cuatro días.
6. Al igual que ocurre con la kombucha no saborizada, el nivel de carbonatación puede ser apenas perceptible, ya que las burbujas pueden hacer acto de presencia una vez que la segunda fermentación termina y el té lleva embotellado un par de días.
7. Colar el té aromatizado para eliminar el exceso de levaduras y agentes saborizantes. Después, embotellar la kombucha y dejarla reposar a temperatura ambiente entre uno y cuatro días más, para aumentar la cantidad de burbujas, o meterla en la nevera si se quiere degustar tal cual.

BURBUJAS Y ALCOHOL

Una de las bazas de la kombucha para posicionarse como alternativa a las bebidas tradicionales es su contenido en burbujas y, también, su aporte de alcohol, y en ambos factores tiene mucho que ver la segunda fermentación.

Las burbujas

Respecto a las burbujas, una de las dudas más frecuentes entre los «kombucheros» es cómo incrementar su presencia en el té, ya que, qué duda cabe, el efecto refrescante y chispeante que producen aumentan el atractivo de la bebida.

Sin embargo, más que burbujeante, la kombucha es en sí misma efervescente, una diferencia sutil pero que dice mucho del sabor que proporciona esta bebida. Las burbujas artificiales (por ejemplo, las presentes en los refrescos) tienen un tamaño uniforme, se adhieren a los laterales del vidrio y no se entrelazan entre ellas. Además, se remueven más rápidamente y resultan más «agresivas» al gusto, es decir, se sienten de forma más potente en la boca. Por el contrario, la efervescencia procedente de la carbonatación de la kombucha ofrece unas burbujas mucho más suaves que producen cosquillas en lugar de «arder», como las burbujas industriales. Son más uniformes y parecidas entre sí y producen un efecto menos explosivo.

Como ya hemos visto, el origen de este toque chispeante está en la carbonatación, una solución de CO_2 disuelta en líquido. Mientras este líquido se mantenga bajo alguna forma de presión, el CO_2 permanece atrapado. Cuando la presión es liberada es cuando aparece el gas en forma de burbujas. En el caso de la kombucha, esta carbonatación se produce de forma natural: tan solo se necesita la magia de la fermentación y un recipiente cerrado.

A menudo, esa ligera efervescencia natural de la kombucha resulta suficiente, pero hay personas que desean potenciarla, y para ello se pueden emplear distintos procedimientos:

- Lo más habitual es someter el té a una segunda fermentación que, como ya hemos visto, aumenta la efervescencia de la bebida. Para conseguir aumentar el nivel de burbujas, se tienen que dar dos circunstancias: un cierre hermético y la presencia de hilillos de levadura en la bebida (hay que recordar que las levaduras crean dióxido de carbono cuando se alimentan del azúcar que contiene el té).

- Llenar la botella completamente. En la mayoría de las bebidas fermentadas, como la cerveza y el vino, al embotellarlas se deja un espacio sin rellenar con el objeto de favorecer la formación de espuma en la parte superior. En la kombucha, sin embargo, sí se llena el recipiente hasta arriba, por lo que se reduce la cantidad de oxígeno presente en la botella. Así hay más dióxido de carbono disuelto en el líquido, lo que se traduce en un mayor número de burbujas.

Asimismo, se puede incrementar el efecto efervescente de esta bebida de una forma tan sencilla como incorporar una cantidad extra de determinados ingredientes que sirvan de «gasolina» para la formación de burbujas:

- **Azúcar.** Es uno de los potenciadores de carbonatación más comunes. Hay que añadirlo justo antes de cerrar la botella para que, de esta forma, reactive a las levaduras y las empuje a producir dióxido de carbono. La cantidad adecuada para conseguir este efecto es una cucharadita de azúcar por medio litro de kombucha. Una alternativa es incorporar el azúcar en forma de fructosa (añadiendo fruta a la mezcla).

• **Jengibre.** Tanto por los azúcares naturales que contiene como por los que proceden de una bacteria presente en su piel, este alimento tiene la capacidad de aumentar la carbonatación. Para ello, puede añadirse desde un cuarto hasta una cucharadita entera de jengibre —dependiendo del grado de efervescencia que se quiera lograr—, picado o molido, por medio litro de té.

• **Gotas carbonatadas.** Incorporar unas gotas de glucosa (un ingrediente que se puede encontrar en tiendas y sitios especializados en repostería) o sacarosa ayuda a lograr una carbonatación consistente. Este recurso puede ser particularmente útil en aquellos casos en los que se saboriza la kombucha con ingredientes que no contienen ningún azúcar natural capaz de activar por sí mismos la acción de las levaduras.

• **Cáscara de huevo.** Se trata de un ingrediente atípico pero muy efectivo, debido a los elevados niveles de calcio y a las trazas de minerales que contiene, por lo que no solo aumenta la efervescencia y reduce la acidez sino que también potencia el valor nutricional de la kombucha. Para sacar todo el partido a las cáscaras es importante lavarlas muy bien antes y, después, deshidratarlas metiéndolas en el horno a 95-100 ºC durante unos diez minutos. Asimismo, es importante que los trozos que se añaden a la kombucha sean de tamaño medio, ya que así, además de ser más fáciles de eliminar, cuanta más superficie tenga la cáscara, más calcio aporta. Eso sí, hay que tener en cuenta que la introducción de este ingrediente puede alterar el sabor de la kombucha, así que lo mejor es empezar a utilizarlo en una proporción equivalente a un cuarto de cáscara por cada medio litro de té e ir aumentando el tamaño en función del sabor y la efervescencia deseados.

El alcohol

El proceso natural de fermentación en el que están implicados las levaduras y los hidratos de carbono procedentes del azúcar dan como resultado que la kombucha contenga una pequeña cantidad de alcohol, aunque oficialmente se ajusta a los parámetros dentro de los que se encuentran las bebidas consideradas como no alcohólicas. La cantidad de alcohol presente en la kombucha depende de distintos factores. Cuando se obtiene la bebida después de una primera fermentación, esta cantidad oscila entre el 0,2 y el 1 % (alcohol por volumen), aunque la media se sitúa en el 0,5 %. Nada mejor para hacerse una idea de qué supone esta cantidad de alcohol que comparar la kombucha procedente de la primera fermentación con los valores medios de algunas de las bebidas más comunes: cerveza sin alcohol, 0,5 %; cerveza con alcohol, 4 %; vino blanco, 9 %; vino tinto, 14 %; licores, 22 %. Por tanto, la cantidad de alcohol de la kombucha tras la primera fermentación es similar a la de una cerveza sin alcohol. Estos niveles de alcohol se mantienen estables mientras la kombucha permanece en el recipiente donde se ha llevado a cabo la fermentación debido a la acción del *Acetobacter* y a la evaporación natural. Este sistema de control y equilibrio del alcohol que contiene la kombucha se ajusta más o menos al siguiente guion:

- Las levaduras convierten el azúcar en alcohol.
- Una parte de ese alcohol se evapora a través del material que cubre el frasco o recipiente.
- Otra parte del alcohol es consumida por especies de bacterias presentes en la kombucha, como el *Acetobacter*, que lo utiliza para fabricar ácido acético.
- La pequeña cantidad de alcohol que permanece en la bebida es la responsable del bajo nivel de alcohol que contiene la bebida final.

Es debido a este sistema de control y equilibrio por lo que la kombucha mantiene en todo momento unos niveles de alcohol bajos y es muy difícil que estos se disparen de forma natural.

Sin embargo, se puede conseguir que esta bebida sea aún menos alcohólica o que, por el contrario, contenga más alcohol, sometiéndola a una pequeña manipulación, sobre todo durante la segunda fermentación.

Para reducir los niveles de alcohol de la kombucha

Filtrar las levaduras. La levadura, en un ambiente anaeróbico, produce etanol y CO_2, por lo que la eliminación de las hebras de levadura del té una vez terminada la fermentación reducirá drásticamente la cantidad de alcohol producida. Sin embargo, la levadura también proporciona nutrición, sabor y carbonatación, así que hay que tener en cuenta que estos factores también se reducirán con esta técnica.

Evitar las frutas y otros saborizantes azucarados. Las hierbas, las flores y la mayoría de los tés verdes y de las raíces y rizomas proporcionan sabor sin añadir más azúcar, privando así a la levadura del combustible que necesita para la creación de etanol. Sin embargo, con esta estrategia también se puede sacrificar parte de la carbonatación, excepto en el caso de los rizomas, que proporcionan burbujas sin añadir azúcar.

Refrigerar rápidamente. El frío frena la actividad de las levaduras, lo que a su vez reduce la producción de alcohol y, también, la carbonatación, por lo que debe mantenerse la bebida en un lugar fresco hasta que se vaya a consumir. Dejar que la botella vuelva a estar a temperatura ambiente antes de servirla hace que se reactiven las levaduras y se produzcan algunas burbujas.

Dejar más espacio en la botella. Al contrario de lo que se recomienda, en este caso es mejor no llenar la botella hasta arriba. Si se tiene previsto consumir la kombucha en una o dos semanas, favorecer que haya más oxígeno en el recipiente crea un ambiente más propicio a la respiración que a la fermentación, lo que reduce la producción de alcohol sin afectar demasiado a la carbonatación.

Diluir las porciones individuales. Si se diluye la cantidad de kombucha que se va a tomar en una proporción de una mitad de té y la otra mitad de agua o zumo, no solo se reduce el contenido alcohólico sino que también disminuye el pH y la acidez, lo que dulcifica el toque ácido del té, al mismo tiempo que se mantienen intactas el resto de las propiedades.

Para aumentar los niveles de alcohol de la kombucha

En este caso, basta con someter al té a una segunda fermentación y dejar que las bacterias y levaduras hagan su trabajo, aumentando la duración de la segunda fermentación. Cuando esto ocurre, la habilidad de las levaduras para transformar el azúcar en alcohol se descontrola, lo que puede traducirse en aumentos significativos de los niveles de alcohol. Por eso, si se deja que la segunda fermentación siga su curso y se prolonga en el tiempo, el nivel de alcohol puede llegar al 2 % y en algunos casos alcanzar incluso un 3 %.

LOS MIL Y UN USOS DEL VINAGRE DE KOMBUCHA

Incorporar la kombucha como un ingrediente culinario habitual permite extender el espectro de su sabor y, también, de sus propiedades. Añadida a la preparación de distintos platos, aumenta el sabor de estos, sobre todo si se utiliza en forma de vinagre, y aporta un toque muy original a las recetas más habituales. Tan solo hay que acostumbrarse a tenerla siempre a mano, como un ingrediente más, y atreverse a experimentar y a innovar. Y la mejor forma de entrenarse en su uso en la cocina es a través del vinagre de kombucha. Disponer de él es tan sencillo como aumentar la duración del proceso de fermentación (entre cuatro y diez semanas), ya que de esta forma, al consumir las bacterias y levaduras el azúcar y otros nutrientes, la acidez de la kombucha se dispara. Esto significa que cuanto más madura o añeja es la kombucha, más potente es su sabor y mayor es la concentración de ácido acético, es decir, se avinagra.

Al igual que los vinagres comerciales, el vinagre de kombucha es un fermento acético, pero mientras los primeros contienen entre un 4 y un 7 % de ácido acético, el nivel de acidez del segundo es del 2 %, lo que suaviza su sabor.

Cómo preparar el vinagre de kombucha

Se necesita kombucha (un litro o menos) que lleve fermentada al menos cuatro semanas. Lo habitual es que en este punto de fermentación el nivel de acidez sea de un 1 %. Para aumentarlo un poco y mejorar el sabor, se pueden añadir dos cucharadas de azúcar por medio litro de vinagre cada dos semanas, durante un periodo de seis semanas. Transcurrido este tiempo, hay que usarlo inmediatamente o saborizarlo con hierbas. Durante esta fermentación puede aparecer un nuevo hongo o *scoby*, que puede dejarse o retirarse.

Saborizar el vinagre de kombucha

Añadir hierbas frescas o especias al vinagre de kombucha refuerza su sabor, además de aportarle importantes nutrientes. Esta kombucha saborizada tiene muchos usos; se puede añadir un par de cucharadas a cualquier tipo de receta, para darle un toque distinto y potenciar su sabor.

Estos son algunos de los ingredientes que mejor funcionan para saborizar el vinagre de kombucha:

- **Para aumentar el sabor:** ajo, cebolla, chalota, cebollino, zumo de limón.
- **Para crear un vinagre con un toque herbal:** tomillo, orégano, menta, melisa, albahaca.
- **Para conseguir un vinagre con notas florales:** lavanda, camomila, rosa, hibisco, flor de saúco.

En cuanto al procedimiento, saborizar este vinagre no puede ser más sencillo: basta con añadir dos o tres cucharadas de hierbas y especias frescas cortadas (una o dos cucharaditas si se trata de hierbas secas), en un cuarto de litro (250 ml) de vinagre de kombucha. Cerrar la botella y dejar que la mezcla infusione de dos a tres semanas en un lugar fresco y oscuro. Transcurrido este tiempo, colar los ingredientes saborizantes y guardar el vinagre en una botella, a temperatura ambiente.

KOMBUCHA COMO INGREDIENTE: RECETAS BÁSICAS

Bebidas

REFRESCO DE KOMBUCHA

Las posibilidades de preparar esta bebida son prácticamente infinitas. Estas son algunas de las opciones más sabrosas y sencillas de elaborar (las cantidades son para una ración, unos 300 ml aproximadamente).

Ingredientes (elegir alguna de las siguientes combinaciones)

150 ml de kombucha, 100 ml de zumo de manzana/pera, 3 hojas de menta fresca

150 ml de kombucha, 1/2 plátano, 6 frambuesas

150 ml de kombucha, 1/2 plátano, un puñado de arándanos y 1/2 cucharadita de jengibre rallado

150 ml de kombucha, 50 g de piña fresca y 30 g de pepino (pelado y en trocitos)

150 ml de kombucha, 50 ml de zumo de zanahoria, 2 cucharaditas de jengibre rallado o en polvo

Preparación: mezclar todos los ingredientes y consumir inmediatamente. Otra opción es preparar más cantidad (tres cuartos de litro o un litro), aumentando proporcionalmente las cantidades, y dejar fermentar cuatro o cinco días, para conseguir así una bebida más carbonatada.

KOMBUCHA DE CAFÉ

Esta es una de las recetas más recomendadas por los autores de manuales sobre la kombucha y, también, por los propios «kombucheros». En este caso, y como excepción, la saborización se produce durante la primera fermentación, utilizando café, solo o en combinación con el té, para obtener la kombucha. Hay que tener en cuenta que el *scoby* empleado no puede emplearse en otras fermentaciones tipo (las que se preparan con té). Otro dato que se debe tener en cuenta es que este café no puede tomarse caliente, ya que se eliminarían los probióticos y otras sustancias beneficiosas, por lo que lo ideal es consumirlo templado o, mejor aún, en forma de café con hielo.

Ingredientes

2 l (8 tazas) de café recién hecho

4-6 bolsas de té (opcional). En este caso, la cantidad de café es la mitad

1 *scoby* u hongo madre

200 g de azúcar

Cacao en polvo, canela o vainilla en rama (opcional)

Preparación: poner el café (o el café y el té) en un recipiente de cristal (de dos litros mínimo de capacidad); añadir el azúcar, disolverla bien y dejar enfriar. Agregar el *scoby* y tapar con una tela o papel de cocina doblado, fijándolo al frasco con una goma. Dejar fermentar en un lugar oscuro, a una temperatura de entre 20 y 30 ºC. A partir del quinto al séptimo día, ir probándolo hasta que la mezcla tenga el sabor que mejor se adapte al gusto personal (cada uno tiene sus preferencias respecto al café). Cuando alcance este punto, retirar el *scoby* y guardar el líquido en una botella de cristal. Para saborizarlo, añadir el cacao, la canela o la vainilla; dejar la mezcla a temperatura ambiente entre uno y cuatro días, hasta que tenga el sabor y el nivel de carbonatación deseados.

KOMBUCHA *LATTE MACHIATO*

Una sabrosa modalidad de la kombucha de café que, además, aporta un cóctel de probióticos, ya que en ella se utiliza yogur o kéfir. Las cantidades son para una ración.

Ingredientes

1 taza (125 ml) de kombucha de café

1/4 de taza (30 g aproximadamente) de yogur o kéfir

1 cucharadita de miel

1/2 taza de cubitos de hielo

Preparación: mezclar la kombucha de café, el yogur o el kéfir, la miel y el hielo en la batidora hasta que la mezcla adquiera la textura de un granizado.

KOMBUCHA PIÑA COLADA

Este es un ejemplo del amplio repertorio de cócteles y combinados que se pueden preparar con la kombucha como base. Las cantidades son para una ración.

Ingredientes

1/4 de taza (30 g) de kombucha saborizada con 1 cucharadita de zumo de lima recién exprimido y 4 cucharadas de agua de coco

1 taza (125 g) de helado de vainilla

2 cucharadas de zumo de piña

1/2 taza de cubitos de hielo

1 cucharada de coco rallado

1 rodaja de piña fresca (para decorar)

Preparación: batir el helado en una batidora y añadir la kombucha saborizada y el zumo de piña. Incorporar el hielo y el coco rallado. Batir hasta que adquiera una textura cremosa y servir decorado con la rodaja de piña.

Salsas y aderezos

VINAGRETA DE KOMBUCHA

Las vinagretas suponen una manera muy versátil de aprovechar el sabor especial que aporta el vinagre de kombucha. Hay que tener en cuenta que mientras en la vinagreta clásica la proporción de aceite y vinagre es de 3-1, la acidez reducida del vinagre de kombucha respecto al vinagre tradicional hace que la proporción 1-1 sea la más recomendada. Esta es la receta tipo (cantidades para una taza o 125 ml), que admite múltiples variaciones en función de los ingredientes añadidos.

Ingredientes

75 ml de aceite de oliva virgen

75 ml de vinagre de kombucha

2 cucharaditas de agua

1 chalota picada

2 dientes de ajo picados

1/2 cucharadita de sal marina

1/8 de cucharadita de pimienta

Sugerencias para distintas versiones:

1 cucharadita de hierbas frescas picadas (tomillo, romero, orégano, perejil, estragón)

1/4 de cucharadita de granos de mostaza

1/8 de cucharadita de clavos/comino/cayena

2 cucharaditas de miel

Preparación: poner todos los ingredientes en un bol (preferiblemente pequeño) y mezclar bien. Guardar en un frasco cerrado, a temperatura ambiente (se conserva casi indefinidamente).

KÉTCHUP DE KOMBUCHA

La incorporación del vinagre de kombucha potencia de forma notable el sabor de esta salsa universal, que además permite introducir variaciones de sabor. Las cantidades son para dos o tres tazas de salsa.

Ingredientes

300 g de pasta de tomate

30 g de azúcar

2 cucharaditas de melaza

1/2 cucharadita de sal marina

75-125 ml de vinagre de kombucha

Sugerencias para hacer distintas versiones:

3 dientes de ajo aplastados o 1/2 cucharadita de ajo en polvo

2 filetes de anchoa en trocitos

1/4 de cucharadita de pimienta en grano, curri en polvo, granos de mostaza, cayena o clavo

Preparación: mezclar la pasta de tomate, el azúcar, la melaza y la sal con media taza (75 ml) de vinagre de kombucha en un bol mediano. Si la textura obtenida es muy espesa, incorporar lentamente el vinagre de kombucha restante, hasta alcanzar la consistencia deseada. Si, en cambio, se prefiere un kétchup denso, utilizar solo 15 ml de vinagre.

Una vez obtenida la salsa, se pueden añadir los distintos ingredientes para obtener distintas versiones. También se puede dividir el kétchup en partes iguales e incorporar un ingrediente distinto en cada una. Guardar en la nevera. El sabor y las propiedades del kétchup de kombucha se mantienen durante aproximadamente dos semanas.

MOSTAZA DE KOMBUCHA

Al igual que el kétchup, el sabor de la mostaza puede enriquecerse mucho con el toque de la kombucha. La clave para optimizar este efecto está en utilizar granos de mostaza enteros. Esta receta necesita una semana de fermentación. Las cantidades son para dos tazas.

Ingredientes

75 g de granos de mostaza amarilla o marrón

1/2 - 2/3 de taza de vinagre de kombucha

1 cucharadita de sal marina

Sugerencias para distintas versiones:

1 diente de ajo grande, pelado

1 cucharada de cebolla picada

1 cucharada de miel

1/4 de cucharadita de comino en grano/curri en polvo

1/8 de cucharadita de pimienta negra en grano/cayena/ cúrcuma (potencia el color amarillo, característico de la mostaza)

Preparación: poner los granos de mostaza en una jarra de cristal y cubrirlos con vinagre de kombucha (se hincharán y reblandecerán a medida que fermenten). Añadir el ajo y la cebolla. Cubrir con una tela o papel de cocina y fijarlos al frasco con una goma. Dejar fermentar en un lugar fresco (18-23 ºC) durante una semana, comprobando a diario que hay líquido suficiente para que los granos estén cubiertos (si no es así, añadir más vinagre). Pasado este tiempo, los granos estarán lo suficientemente reblandecidos. Poner toda la mezcla (granos, ajo, cebolla y líquido) en una batidora o robot de cocina, añadir la sal y los ingredientes elegidos y mezclar hasta obtener la textura deseada. Si es necesario, añadir más vinagre.

Sopas y ensaladas

ENSALADA DE TOMATE, QUESO FETA Y CEBOLLETAS

Las ensaladas son una buena opción para iniciarse en los usos culinarios de la kombucha. Esta receta es una de las más sabrosas, debido al estupendo equilibrio entre ácido y salado, rematado con el toque crujiente de la cebolleta. Las cantidades son para dos raciones.

Ingredientes

3 tomates medianos (partidos en dados pequeños)

75 g de queso feta desmenuzado

1/3 de taza de vinagre de kombucha

1 cebolleta, picada

1 cucharadita de hierbas frescas (tomillo, orégano, perifollo, estragón, etc.)

1 cucharadita de sal

1 cucharadita de pimienta negra en grano

Preparación: poner todos los ingredientes en una ensaladera grande y mezclar suavemente. Probar y ajustar el aliño, si es necesario. Para fijar el sabor y conseguir que sea más intenso, meter la ensalada en la nevera durante unas horas antes de servirla.

ENSALADA DE COL

Esta ensalada, un clásico de la cocina norteamericana, gana mucho con el toque especial que le aporta el vinagre de kombucha. Su sabor se potencia cuanto más tiempo están en contacto los ingredientes, así que lo mejor es esperar como mínimo media hora antes de comerla. Las cantidades son para tres o cuatro raciones.

Ingredientes

350-400 g de col cortada en juliana

75 g de zanahoria cortada en juliana

75 g de mayonesa ligera

1/2 cucharadita de semillas de apio

15-20 ml de vinagre de kombucha

Sugerencias para distintas versiones:

30 g de pasas

30 g de manzana en trozos

30 g de arándanos secos

15 g de almendras en trozos

Sal y pimienta

Preparación: poner todos los ingredientes y los complementos en un bol o ensaladera grande. Sazonar con sal y pimienta. Mezclar bien y meter inmediatamente en la nevera.

CALDO DE KOMBUCHA

Con el vinagre de kombucha como ingrediente se puede preparar un exquisito y nutritivo caldo, que admite muchas variaciones e ingredientes. La receta que se ofrece a continuación es orientativa, ya que los ingredientes sugeridos se pueden sustituir sin problema. Las cantidades son para siete u ocho raciones.

Ingredientes

1-2 cucharadas de mantequilla, aceite de coco o manteca de cerdo

2-6 dientes de ajo, pelados y ligeramente aplastados

1 cebolla, picada

2 ramas de tomillo fresco o 1 cucharadita de tomillo seco

1 cucharadita de orégano (en hojas o seco)

1 cucharadita de mejorana

2 hojas de laurel

2-3 ramas de apio, ligeramente partidas

2 zanahorias, peladas

1-3 tazas de vinagre de kombucha

2 cucharadas de sal marina

Carcasas de pollo (1,5 kg aproximadamente), huesos de vacuno (1 kg), costilla de cerdo (1 kg), etc.

2 l de agua.

Preparación: poner una cucharada de la mantequilla, el aceite o la manteca en una olla grande, a fuego medio. Añadir el ajo y la cebolla y rehogar entre tres y cinco minutos. Si es necesario, añadir más mantequilla, aceite o manteca. Incorporar el tomillo, el orégano, la mejorana, el laurel, el apio y las zanahorias. Mezclar bien los ingredientes con la ayuda de una cuchara de madera y saltear durante un par de minutos. Añadir el vinagre de kombucha, la sal y los huesos. Cubrir con el agua. Llevar a ebullición, tapar y dejar cocer a fuego lento durante tres o cuatro horas.

Postres

SMOOTHIE DE KOMBUCHA

Los *smoothies* son una deliciosa opción como postre, merienda, tentempié o desayuno, tanto por su aporte nutricional como por lo saciantes que resultan. Introduciendo la kombucha en su preparación se obtiene una versión más sabrosa que potencia el ya de por sí exquisito sabor de este postre.

Ingredientes

250 gr de alguna de las siguientes frutas (solas o combinadas): plátano, cereza, mango, piña, melocotón, frambuesa

250 ml de kombucha

1-2 cucharadas de uno de estos potenciadores de sabor: cacao en polvo, polen de abeja o zumo de fruta concentrado.

Cubitos de hielo (250 gr aproximadamente)

Preparación: meter todos los ingredientes en la batidora, añadiendo más kombucha si es necesario para conseguir una textura más suave. Consumir inmediatamente (el sobrante se puede conservar en la nevera durante veinticuatro horas).

KOMBUCHELLO

Este postre cremoso y sencillo de preparar supone una deliciosa manera de utilizar la fruta sobrante de la segunda fermentación. Las cantidades son para cuatro raciones.

Ingredientes

75 ml de agua fría

2 cucharadas de agar-agar en polvo

75 g de azúcar

1/2 vaso de kombucha saborizada

30 g de fruta en trocitos. Si se utiliza piña fresca, papaya, jengibre, higos o kiwi, saltear ligeramente los trozos y después hornearlos a 180-190 °C durante unos 10 minutos antes de mezclarlos con el agar-agar. Son frutas que contienen bromelaína, una enzima que elimina la propiedad gelatinosa del agar-agar, haciendo que pierda sus propiedades aglutinadoras. La bromelaína se desactiva con el calor. Si en lugar de fruta

fresca se utilizan versiones en conserva, no es necesario realizar este paso.

Crema batida para acompañar (opcional)

Preparación: poner el agua en una olla o cazuela pequeña. Espolvorear el agar-agar y dejar reposar cinco minutos. Añadir el azúcar y mezclar a fuego suave, hasta que tanto el azúcar como el agar-agar estén disueltos. Retirar del fuego y añadir la kombucha. Poner en un molde de repostería (preferiblemente redondo). Incorporar la fruta y dejar en la nevera entre dos y cuatro horas, hasta que se solidifique. Cortar en cuadraditos pequeños y servir solo o acompañado de crema batida.

A MODO DE CONCLUSIÓN

En nuestros días todo debe ser científicamente demostrado y comprobado; de no ser así, no se toma en serio. Dice Harald Tietze, conocido gurú de la salud y experto en longevidad: «Cuando veo el estante donde guardo mis libros de agricultura [sic], todos con más de tres décadas, sacudo la cabeza y no puedo evitar preguntarme sobre el valor real de las pruebas científicas. La mayoría de tales libros, basados todos ellos en estudios científicos, hoy ya no sirven, pues trabajos posteriores han demostrado que muchas de las teorías que contienen, así como gran parte de la información, están equivocadas». Y ese seguirá siendo el fatídico destino de la ciencia, mientras los seres humanos que la dirigen no adopten una postura más sabia y humilde.

No obstante, esperemos que un día no lejano, tras realizarse estudios exhaustivos y con todo el rigor necesario, se confirmen las cualidades benéficas que tanto la tradición como los actuales entusiastas de la kombucha le atribuyen. Mientras tanto, disfrutemos de ella con prudencia.

Pero aunque la ciencia oficial negase todas las cualidades de la kombucha o no se tuviera interés en investigarlas (lo que por suerte no es así, como hemos visto a lo largo de estas páginas), quien examine la documentación, los numerosos libros publicados y los testimonios existentes llegará por fuerza a la conclusión de que algún efecto beneficioso sobre la salud debe tener. ¿Qué porcentaje de esa acción benéfica se debe al efecto placebo, al poder de la fe o a otras circunstancias ajenas al contenido de la bebida? En la actualidad es imposible saberlo con certeza.

Es importante recordar aquí que la kombucha no es una medicina, sino una bebida refrescante y deliciosa. Aceptémosla como lo que es, como un alimento tradicional, barato y saludable. Si su aroma o su sabor te generan algún tipo de rechazo, ¡no la tomes! En cuanto a su apariencia, hay que reconocer que el aspecto del hongo no es ciertamente muy atrayente y sin duda se necesita cierta dosis de valor —sobre todo si uno está solo— para beber por primera vez el líquido que ha estado en contacto con ese ser informe y gelatinoso.

Por muy agradable que le resulte a tu paladar y por inofensiva que te parezca la kombucha, te aconsejo encarecidamente que sigas las pautas y recomendaciones recogidas, expuestas y analizadas en este libro y que compruebes siempre en primera persona sus efectos (cada organismo es distinto). Y si después, como le ocurre a la mayoría de las personas que la consumen, confirmas que te sienta estupendamente, anímate a conocerla mejor, experimentando con los distintos usos, sabores y hasta colores que ofrece esta peculiar bebida.

¡Salud!

BIBLIOGRAFÍA

Abele, Johann. «Teepilz Kombucha bei Diabetes?», *Der Naturazt*. vol. 110, n.º 12: 31, 1988.

Ciciarelli, Jill. *Fermentd. A Four Seasons Approach to Paleo Probiotics Foods*. Victory Belt Publishing Inc, Las Vegas, USA, 2013

Clergeaud, Chantal y Lionel. *Les Aliments Fermentés. Une Cuisine Pleine de Vie*. Editions Dangles. Escalquens, Francia, 2017.

Crum, Hannah y LaGory, Alex. *The Big Book of Kombucha. Brewing, flavoring and enjoying the health benefits of fermented tea*. Storey Publishing. North Adams. MA. USA. 2016.

Childs, Eric y Jessica. *Kombucha! The Amazing Probiotic Tea that Cleanses, Heals, Energizes and Detoxifies*. Penguin Group. New York. USA. 2013

_____*Fermentation & Home Brewing*. Sterling Epicure, Nueva York, USA, 2016

Danielova, L.T. «Morfologii cainava griba», *Trudy Yerevanskava zoo-veterinarnava Instituta*, 17: 201-216.

Fasching, Rosina. *Tea Fungus Kombucha. The Natural Remedy and its Significance in Cases of Cancer and other Metabolic Diseases*. W. Ennsthaler, Steyr, Austria, 1995.

Filho, L. X., Paulo, M.Q., Pareira, E.C. y Vicente, C. *Phenolics from tea fungus analyzed by high performance liquid chromatography.* Phyton, Buenos Aires, vol. 45, n.º 2: 187-191, 1985.

Foster, Daniel. «The Mushroom That Ate LA», *Los Angeles Magazine*, vol. 39, n.º 11, 118-124, Los Ángeles, CA, 1994.

Frank, Günther W. *Kombucha - Healthy Beverage and Natural Remedy from the Far East.* W. Ennsthaler, Steyr, Austria, 1995.

Frédéric, Marie Claire y Stutin, Guillaume. *Aliments Fermentés, Aliments Santé.* Éditions Gallimard. Collection Alternatives. París, Francia, 2016

Funke, Hans. «Der Teepilz Kombucha», *Natur & Heilen*, 64: 509-513, 1987.

Hobbs, Christopher. *Kombucha: The Essential Guide.* Botanica Press, Santa Cruz, CA.

Karlin, Mary. *Mastering Fermentation.* Ten Speed Press, Berkeley, USA, 2013.

Lakowitz, N. «Teepilz und Teekwass», *Apoteker-Zitung*, 43: 298-300, 1928.

Löwenheim, H. «Über den indischen Teepilz», *Apotheker-Zeitung*, 42: 148-149, 1927.

Mackenzie, Jennifer. *The Complete Book of Pickling.* Robert Rose, Inc. Toronto, Ontario, Canadá, 2016.

Malczewski, Andra Anastasia. *The Esential Kombucha.* Deborah Capps. Redondo Beach, CA.

«Merck Index: Glucuronic Acid», p. 701. «Usnic Acid», p. 1557. 11.ª edición, 1989.

Minden, Diane. *Kombucha, Health Drink of the Ages.* Full Circle Press, Klamath Falls, Oregón, 1996.

Mulder, D. «A Revival of Tea Cider», *Tea Quarterly*, Talawakelle, Sri Lanka, 32: 48-53, 1961.

Pike, Charlotte. *Fermented.* Kyle Books, Londres, Reino Unido, 2015.

Pryor, Betsy y Holst, Sanford. *Kombucha Phenome-non.* Sierra Sunrise Books, Sherman Oaks, CA, 1995.

Reynolds, Dearbhla. *The Cultured Club.* Gill Books. Dublín, Irlanda, 2016.

Rockridge Press. *DIY Pickling: Step-By-Step Recipes For Fermented, Fresh and Quick Pickles*. Berkeley, California, USA, 2015.

Schwenk, Donna. *Cultured Food for Life*. Hay House, Inc. Carlsbad, California, USA, 2013.

Stadelmann, Eduard. *Der Teepilz und seine Antibio-tische Wirkung*. Zentralblatt Bakt. I abt. Ref. 180: 401-435, 1961.

Stamets, Paul. *Kombucha, the Manchurian Musroom - My adventures with the Blob*, 1995.

Steiger, K.E. y Steinegger, E. «Über den Teepilz», *Pharmaceutica acta Helvetiae,* 32: 133-154, 1957.

Subov, M.I. «K vaprosu o znacenii nastoia tak nazivaemava cainava griba kak terapevticescava sredstva», *Vrac. dela* 27, (6) 511-512, 1947.

Tietze, Harald. *Kombucha. The Miracle Fungus*. Gateway Books, The Hollies, Wellow, Bath, Reino Unido, 1994.

Utkin, L. «O novom mikroorganizme iz gruppy uksusnii bakterii», *Mikrobiologia*, Moscú, vol. 6 n.º 4: 421, 1937.